마을 만들기
환상

지역재생은
왜 이렇게까지
실패하는가

———

이 책은 2021년 대한민국 교육부와 한국연구재단의 지원을 받아 수행한 연구
입니다. (과제번호: NRF-2021S1A3A2A01096330)

서강대학교 SSK(Social Science Korea) 지역재생연구팀은 2018년 9월부터
교육부(한국연구재단)의 지원으로 지역창업과 중간지원조직을 중심으로 한
국과 일본의 지역변화를 연구하고 있습니다.

마을 만들기 환상

지역재생은 왜 이렇게까지 실패하는가

기노시타 히토시 지음

윤정구·조희정 옮김

더가능연구소
THE POSSIBILITY LAB

목 차

지역재생은 점점 혼돈에 빠져들고 있다. 2차 대전 후부터 시행된 지방교부금제도에 따라 지금은 매년 16조 엔이 지역*에 교부되고, 그 외에 각종 인프라 정비, 농림수산업, 상업, 사회복지 부문에서도 거액의 예산이 지역에 배분되고 있다. 2014년부터 지방창생정책**을 중심으로 연간 1조 엔이 넘는 예산을 투입하고 있지만, 2019년 도쿄로의 일극집중(一極集中)***은 사상 최고 수준이다.

---

*원서 대부분에는 '지방'으로 표기되어 있다. 그러나 맥락에 따라 지방과 지역은 매우 다른 의미일 수 있는데, 지역보다는 지방이 (수도권을 전제한다는 의미에서) 좀 더 차별적인 의미를 담고 있기도 하다. 따라서 이하에서는 정책명 등의 고유명사를 제외하고는 최대한 '지역'으로 표현을 통일했다. (역주)
**우리나라에서는 지방창생보다는 지역재생이라는 용어를 더 보편적으로 사용하고 있으므로 이하에서는 '지역재생'으로 표기한다. (역주)
***도쿄로의 일극집중이란 수도권으로만 인구가 몰리는 상황을 의미한다. 이하에서는 도쿄라는 특정 지역을 지칭하는 경우를 제외하고는 '수도권 인구집중'으로 표기한다. (역주)

미디어에서는 2020년부터 코로나19가 확산되면서 '지역 이주가 가속되고 있다'고 보도하지만 각종 인구통계를 보면 도쿄로부터의 인구 유출은 사이타마, 지바, 가나가와처럼 수도권 근교로만 진행될 뿐 수도권 인구 우위가 붕괴하는 흐름은 나타나지 않았다.

전후부터 일관되게 국가의 막대한 재원을 투입했음에도 왜 지역은 더욱 쇠퇴하는가. 지역을 변화시키겠다며 막대한 사업비를 따낸 사람들은 많은데 왜 예상했던 결과는 나오지 않는가.

그건 바로 많은 사람이 '마을 만들기 환상'에 갇혀 있기 때문이다. 마을 만들기 환상은 모든 사람이 현실과 다른 것을 상식이라고 믿고 무작정 공유해버리는 것이다. 그러한 환상 때문에 지역 쇠퇴는 더욱 가속화하고 있다.

지역재생사업은 무조건 '사람·상품·돈·정보'가 많다고 좋은 것이 아니다. 그것을 취사선택하고 활용할 수 있는 변별력 있는 '인식의 토대'가 필요하다. 지역재생사업의 대부분은 시작하기 전에 인식 자체의 문제 때문에 실패한다.

잘못된 토대 위에는 아무리 막대한 경영자원을 투입해도 반드시 실패한다. 우연한 성공은 있지만 우연한 실패는 없다. 하면 안 되는 것을 초기 단계에서 해버리고 마는 것이다.

중간에 실패했는데도 '이것이 지역활성화사업'이라고 믿으며 계속 진행하고, 책임 추궁을 당하지 않으려는 일념으로 모두가 파탄 날 때까지 계속하는 때도 많다.

그 결과, 거액의 자금과 노동력을 투입했지만 사업을 유지하느라

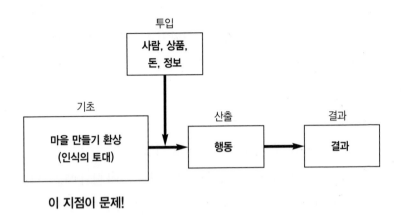

지역 쇠퇴의 전형적인 과정

세금이 줄줄 새는 무용지물을 만들어버리거나 강했던 지역산업을 소멸시키거나 결국 이주해서 살기 어려운 환경을 만들어버리고 만다.

예를 들어보자. 지역재생사업에서 자주 듣는 질문은 "뭘 하면 좋을까요?"이다. 이렇게 질문하는 이유는 어디엔가 '답'이 존재하고 소위 잘난 사람만 그 답을 알 것이라고 가정하기 때문이다. 이런 질문 자체가 잘못된 것이며 실패의 시작이다. 인식의 환상에 사로잡혀 있는 것이다.

다른 지역의 성공 사례에서 쉽게 답을 찾고, 실패하기는 싫고, 그래서 타인의 돈으로만 해결하려는 인식의 토대가 존재하는 한 실패는 계속 이어질 것이다.

성공하는 사람은 애초에 그런 생각을 하지 않는다. 그들의 성공

마을 만들기 환상

은 스스로 방법을 찾고 현재 가진 돈의 범위 내에서 계속 도전하고 시행착오를 겪은 결과이다. 성공하는 사람들은 결과만 흉내 내봤자 아무 의미가 없다는 것을 잘 알고 있다.

아무리 뛰어난 사람이라도 단지 곁에서 보는 것만으로는 지역에 필요한 사업을 알 수 없다. '이것만 하면 지역이 재생될 수 있다'고 말하는 사람은 사기꾼이니 조심해야 한다. 그럴싸한 답으로 사람을 현혹하는 것이다.

이처럼 기본 인식 자체가 허술하면 성과를 내기 어렵다. 아무리 멋진 건물을 세워도 토대가 허술하면 반드시 기울어진다. 모든 것은 토대에서 시작된다.

마을 만들기 환상의 다섯 가지 분류

이 책은 광범위하게 존재하는 '마을 만들기 환상'을 다섯 가지로 분류하여 그 해결책을 제시한다. 인식의 토대는 막연한 추상이 아니라 구성원 각자가 가진 일상의 판단과 행동 기준이다. 따라서 지역 구성원의 역할과 위치를 바탕으로 분류해 보았다.

주의할 것은 결코 한 사람을 하나의 역할로 제한한 구분이 아니라는 점이다. 즉, 우리 각자는 여러 입장을 가지고 지역에서 살아간다.

예를 들어 행정 의사결정권자(①)는 지역에 돌아오면 지역 구성원(④)이다. 또한 외지인(⑤)도 지역에 녹아들면 집단 구성원(④)이 되기도 하고 행정조직 구성원(②)이 될 수 있다.

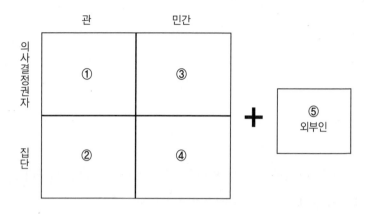

지역의 다섯 활동 주체

관　　　　민간

의사결정권자　　①　　　③

집단　　②　　④

＋　　⑤　외부인

　이 과정에서 나 혼자라면 빠져들지 않았을 환상에 집단 구성원으로서 빠져드는 경우가 있다. 그래서 각자의 처지와 상황을 고려하여 확인해야 한다. '당연하지만 정말 그러한가?', '모두 그렇다고 말하지만 과연 그 전제가 맞는 것일까'라며 한 발 뒤에서 객관적으로 보려고 노력해야 한다.

　누구나 방심하면 환상에 빠져 의사결정을 잘못하거나 알고 있으면서도 무책임하게 문제를 방치해버릴 수 있다. 모든 사람은 '환상을 믿고 싶다'고 생각하기 때문이다.

　모든 상황에서 '나만은 괜찮다'는 안이한 생각에 빠지지 말고, 그러한 사소한 생각이 인식의 토대를 이루어 마을 만들기 환상을 만들고 그로 인해 잘못된 의사결정과 집단행동을 할 수 있다는 것을 늘

　　　　마을 만들기 환상

염두에 두어야 한다.

선의로 지지한다면 사업은 실패한다

인식의 토대에 악의와 선의 같은 구분은 의미가 없다. 갈등이 발생하면 "잘될 거로 생각해"라며 의견을 제시하기도 하지만 그 사람에게 특별한 선악의 동기가 있어서 그렇게 말하는 것은 아니다. 따라서 '마을 만들기는 선의를 바탕으로 한 사업이 중요하다'는 사고방식은 환상이다.

주변에서 "그 사업, 재미있네", "무조건 하는 것이 좋아요", "응원할게요"라고 말하면 조심할 필요가 있다. 자신도 '잘될 거로 생각해서' 하고 있고 '주변에서도 찬성하는' 사업 정도일 테니 진행 방식이 조잡하거나 계획의 숙련도가 낮을 확률이 높고, 결국 성과를 내기 어렵게 된다. 오히려 주변에서 반대할 때 그 반대를 극복하고 성공하려면 빈틈없이 계획하고 노력해야 성공할 수 있다.

의욕적으로 추진했지만 엉뚱한 결과를 보다

나는 고등학생 때부터 20년 가까이 지역사업에 참여했는데 문제점을 지적하며 스스로 변화를 일으킨 사람들이 나이 들어 지역 유력자가 되면 언제부터인가 '마을 만들기 환상'에 갇혀 오히려 지역 상황을 악화시키는 주범이 되는 경우를 많이 보았다. 입장이 사람을 변하게 하는 것인지 '미라 도둑이 미라가 된다'[*]는 식의 사례를 많이 보았다. 그러나 이것은 (나를 포함하여) 새옹지마라고도 볼 수 있다.

의사결정권자가 '정공법'이나 '당연한 일'이라고 여기기 때문에 쇠퇴하고 만다. 잘못된 의사결정의 소용돌이 속에서 스스로 어느새 환상을 믿고 잘못된 의사결정을 하게 된다. 지역에서는 환상을 의심하지 않고 동의하며 모두의 생각을 따르면 좋은 사람으로 평가받기 쉽다. 그러나 그러다 결국 모두 망하고 만다.

허약한 의사결정권자, 무력한 조직, 지역을 구성하는 집단의 구성원, 그 지역에 인연도 연고도 없는 외지인이더라도 마을 만들기 환상을 뜯어고쳐 각 지역 실정을 바탕으로 의사결정을 하고 행동하면 좋은 성과를 낼 수 있다.

그러기 위해 이 책에서는 지역 쇠퇴의 원인인 '마을 만들기 환상'과 그 실패 원인에 대해 분명히 밝히려고 한다.

오직 점검과 축적만이 지름길이다

지역에서 도박으로 얻을 수 있는 식의 우연한 대성공은 존재하지 않는다. 나는 지역활성화의 기폭제라고 말하는 지역사업들이 정반대의 의미로 기폭되는 것을 전국 각지에서 보아왔다. 지금 지역에 필요한 것은 적어도 후대에 원망받을 것이 뻔한 '터무니없는 대실패'를

---

[*]일본 속담. (역주)

하지 않는 것이다.

만약 지방자치단체(이하 지자체)가 그렇게 큰 도박을 하다가 실패하면 진짜 어처구니없는 일이다. 지자체에는 파산법도 없으므로 결국 다음 세대가 그 실패의 모든 뒤치다꺼리를 해야만 하는 상황이 되어버린다. 유바리*처럼 윗세대들이 산업 전환 후에 국가로부터 거액의 지원을 받았으면서도 성과를 내지 못하고 지역에 부담되는 일을 반복하고, 그 실패를 숨기려고 은행에서 대출받아 장기간 분식결산을 하여 곤궁에 처한 지자체들이 있다.

그 금액은 표준재정 기준으로 약 45억 엔 규모이고, 지자체 실질부채는 600억 엔이 넘는다. 이런 대실패 때문에 아무리 지금 세대가 노력해도 과거의 부채를 갚을 수 없게 되어버렸다. 행정서비스 수준은 점점 낮아지고 유바리 인구는 육아세대가 절반으로 줄어들었다. 육아세대의 부담은 늘어나는데 행정서비스 수준은 낮아지며 살기 힘든 지역이 된 것이다.

단기간에 한 방에 역전하는 '활성화 기폭제'를 원하는 것도 마을만들기 환상이다. 그런 좋은 것은 애초에 존재하지 않는다. 왜 50년 이상 걸쳐 쇠퇴한 지역을 1-2년 만에 대형 사업으로 부활시키려고 할까. 마치 잠에서 막 깨어난 노인에게 달리기 대회에 나가라고 하는 것과 같다. 그렇게 되면 몸도 망가지고 우승도 결코 할 수 없는데 말이다.

---

*유바리는 홋카이도의 탄광 도시로서 2006년 재정난 여파로 2007년에 파산을 선언했다. (역주)

단지 정치와 행정이 나빠서 그런 것만도 아니다. 사업 이익을 바라는 민간기업 대표나 그런 정책을 추진하는 사람에게 선거에서 표를 던지는 사람들 그리고 그 모습을 수수방관하며 보고 있는 민간집단도 책임이 있다. 그 피해는 고스란히 선거권 없는 아이들과 미래 세대의 몫이 되어버린다.

따라서 근본적인 사고방식을 항상 검토하고 하나씩 착실하게 쌓는 것이 결과적으로 성공의 지름길이다. 성공 지역은 밖에서 보면 화려한 도전을 하는 것처럼 보이지만 실제로는 일상의 소소한 노력을 하는 경우가 많다. 그 리더가 슈퍼맨처럼 보이는 것은 결과론일 뿐이며 사실 누구나 다 같은 인간일 뿐이다. 주변에서 이런저런 비판을 받아도 동료와 항상 고쳐가며 노력한 결과, 다른 지역에서는 보기 어려운 변화를 만들어내는 것이다.

지역 상황, 당면 문제, 자신이 품고 있는 의문을 생각하면서 이 책을 읽길 바란다. 그리고 주변 동료와 "그것은 환상이 아닐까"라고 이야기하며 항상 검토하길 바란다. 지역을 바꾸는 것은 우선 자신의 사고방식과 일상생활을 바꾸는 것에서 시작한다. 자신의 사고방식조차 바꾸지 않으면서 지역을 바꾸는 것은 불가능하다.

제1장

코로나19가 초래한 지역의 시대라는 환상

지역사업은 왜 언제나 환상에 의지할까. 이는 사실관계를 면밀히 조사하지 않는 태도 때문이다. 지역에서는 목소리 큰 사람들이 만들어내는 소문이나 미디어의 불확실한 정보를 그대로 받아들이며 잘못 판단하는 경우가 많다.

물론 훌륭한 기사를 쓰는 지역신문도 있으므로 무조건 미디어를 믿으면 안 된다고 말하는 것은 아니다. 그러나 한 발 뒤로 물러나 보도 내용을 꼼꼼히 의심할 필요가 있다.

특히, 최근에 자주 나오는 '대기업의 지역 진출' 기사에는 주의가 필요하다. 그 기사들은 '고용 창출 몇백 명', '드디어 도쿄의 대기업이 도쿄를 단념하고 지역으로'라는 논조이지만 현실은 그렇게 단순하지 않다. 대기업의 지역 진출이 지역을 위한 것이 되기 위해서는 어

느 정도 조건이 있다. 그것을 외면한 채 그저 손 놓고 마냥 기뻐하면
안 된다.

1. 대기업의 지역 진출이
좋지만은 않은 이유

대기업이 지역에 거점을 잡아 지역이 활성화되었다는 이야기는 전
후의 전자산업 부문처럼 국제경쟁력이 있던 시대의 이야기다. 거기에
는 조건이 있었다.

첫째, 그때는 본사와 같은 조건으로 '정규직 고용'을 약속했고 적
절한 인건비를 지급했다. 임금=소득에 의해 지역 내수가 확대되기
때문이다. 지역에 없던 대기업의 정규직이 되면 인구가 빠져나갈 이
유도 없었다. 광공업 등이 지역에 있다면 수직 통합적으로 관련 회
사에도 이득이 생겨 새로운 경제가 형성되었다.

그러나 지금은 대기업이 지역에 공장을 만든다 해도 본사와 급여
체계가 다른 자회사, 하청회사에 의해 공장을 운영하기 때문에 비정
규직 고용만 있다. 게다가 지역에서 사람을 구할 수 없다며 외국인
노동자를 고용하는 경우도 많다.

대부분 공장이 원재료 문제 때문인지 부품도 지역 외부에서 가져
와 조립하여 지역은 일부 공정만 담당하기도 한다. 경제·산업 통계
를 보아도 지역에서의 실질적 경제효과는 놀랄 정도로 제한적이어서

"정말 우리 지역에 공장이 있기나 한가"라는 의구심이 들 정도이다.

즉 '대기업이 지역거점을 만들면 반드시 지역이 활성화된다'는 것은 오래전에나 있던 말이다. 고용조건과 생산 내용 등을 세밀하게 살펴보면 이제는 대기업의 진출이 지역에 과연 좋은 것인지 알 수 없는 시대가 되었다.

인력 파견 회사의 지역 진출을 환영하는 기이함

2020년 인력 파견 회사인 대기업 파소나*가 본사를 효고현 아와지지마(淡路島)로 이전한다는 뉴스가 있었다. 미디어는 '대기업이 도쿄를 포기하고 지역에 이주한다'는 스토리를 좋아하기 때문에 '지역의 시대다!'라며 환호하는 기사를 내보냈다. 그러나 앞서 말했듯이 자세한 사정을 좀 더 살펴볼 필요가 있다.

파소나의 아와지지마 사업은 파소나 후루사토 인큐베이션이라는 자회사 중심이다. 폐교를 이용한 마르쉐**, 레스토랑, 카페, 글램핑, 키티짱*** 카페 등을 운영한다. 그러나 이 사업과 관련된 회사들의 재정 상태를 보면 그렇게 좋지는 않다.

파소나 그룹이 개발한 상품들의 2019년 6-11월 결산을 보면 지난해 같은 기간보다 순이익 38%가 감소한 3억 9,200만 엔이다. 아

---

*https://www.pasonagroup.co.jp (역주)
**마르쉐는 농부 시장이다. (역주)
***일본 캐릭터 상품인 헬로키티(Hello Kitty). (역주)

와지지마 등에서 시행한 지역재생사업에서는 3억 9,600만 엔이 손실 처리되었다. 2020년 니지겐모리 테마파크는 12억 엔 넘는 적자가 발생해서 6억 5,100만 엔을 손실 처리했다.

이런 상황에서 회사는 코로나19 때문에 본사 기능 일부를 아와지지마로 옮긴다고 발표한 것이다. 실제로는 본사 전체를 옮기는 것도 아니고 본사 기능 일부만 이전했다. 이렇게 본사가 이전하지 않는다면 법인 등기상 소재지는 도쿄이기 때문에 법인세는 그대로 도쿄에 내게 된다.

실업 대책과 지역재생정책에도 기여하지 못하는

게다가 이 회사는 코로나19로 인한 실업 대책이라며 최대 1,000명을 2년 상한으로 채용한다고 발표했다. 이것도 속사정을 보면 기가 막히는 이야기다. 계약사원이라는 비정규직을 고용하면서 정규직 70% 수준의 급여를 지급하는데 대학·대학원 졸업생이 월 16만 6,000엔, 전문대·전문학교 졸업생이 월 16만 1,000엔 수준이다. 연수비, 사회보험료, 세금을 공제하면 정작 손에 들어오는 돈은 쥐꼬리만큼밖에 안 된다.

그나마 비정규직으로 취업해도 계약 기간은 2년뿐이다. 그렇게 되면 3년 차부터는 파견직원처럼 직위가 내려갈 것이다. 말로는 '취업 빙하기'에 고용한다고 홍보하지만 실제로는 실업인구를 해결할 수 있는 진정한 고용이라고 평가하기 어렵다.

대기업이 지역에 진출할 때 지역에 투자 조건이 본사와 동등한 수준의 급여를 지급하는 정규직 고용이라고 하지만 파소나의 경우를 보면 비정규직에 월세, 식비, 연수비까지 공제하고 정작 지역에 들어오는 돈도 매우 제한적이다.

이렇듯 언론 보도만 보면 지역을 위한 것처럼 보이지만 실제는 그렇지 않은 일들이 많다. 따라서 헤드라인에 놀아나지 않는 것이 중요하다.

사업 철수가 리스크인 산업단지 도시 모델

지역경영에서는 일회성 성과가 아니라 중장기적인 안정적 기반을 설계하는 것이 중요하다. 안정은 변하지 않는다는 의미가 아니라 변화 수준을 잘 파악하고 잘 대응한다는 의미이다. 그러나 대부분 지자체는 별로 관련 없는 콘셉트의 시설을 단번에 늘리려고 한다. 그 폐해는 매우 크게 나타난다. 그렇게 추진한 일들이 사라지면 지역은 어떻게 될까. 대부분 지자체는 '그렇게 생각해도 어쩔 수 없다'고 말하지만 거액의 보조금이 투입된 공장유치 등의 말로(末路)를 생각해볼 필요가 있다.

산업단지 도시는 핵심기업에 의존하는 도시경영 형태이다. 기업이 사업을 축소하거나 지역에서 철수하면 달리 방법이 없다. 도요타자동차의 도시인 도요타시(豊田市)는 2008년 글로벌 경제위기 때에 도요타자동차의 법인세 등이 대폭 감소하여 지자체 예산편성까지 영향받았다.

　신일철(현 일본제철)의 쇠퇴는 기타큐슈 지역에 큰 영향을 미쳤지만 50년 전만 해도 이런 상황은 아무도 상상할 수 없었다. 아사히카세이(旭化成)의 거점인 미야자키현 노베오카시(延岡市), 우베코산(宇部興產)의 거점인 야마구치현 우베시, 히타치그룹의 거점인 이바라키현 히타치시 등 전국 각지에 여전히 어려운 상황에 부닥친 산업단지 도시들이 많이 있다.

　지역산업에서 중요한 것은 일부 힘 있는 기업에 의존하는 것이 아니라 중장기에 걸쳐 지역자본을 축적하는 것이다. 안이한 외자유치와 기업유치에만 몰두하다가는 대기업이 '이곳은 끝이다'라고 포기해버렸을 때 산이 높으면 골이 깊은 것처럼 급격히 전락해버리고 말 것이다.

지역에 필요한 기업의 조건

　그렇다면 지역에 효과적인 기능을 할 수 있는 기업 조건은 무엇일까. 홋카이도를 중심으로 활동하는 드럭스토어(약국) 체인이며 일부 상장기업인 사쓰도라홀딩 사례를 보자. 이 회사는 지역에서 생긴 기업이 아니라 그룹회사에서 다양한 기업을 모아 직원이 신고할 필요 없이 '부업'을 할 수 있기에 800명 이상 직원 중에 10%가 부업을 한다. 또한 본사·코워킹 오피스·점포를 복합한 선진적 공간 디자인으로 삿포로 시내에 거점을 설치하여 홋카이도 밖의 기업과도

협력하는 등 개방적 환경을 조성하며 매력적으로 사업을 개발하고 있다.

이처럼 지역기업이 지역에 많은 기회를 제공하면 인재가 모이고 새로운 활력을 만들 수 있다. 사쿠라 인터넷이 홋카이도에 데이터센터를 구축한 것도 좋은 사례이다. 홋카이도는 한랭지이기 때문에 데이터센터에 필요한 냉각에너지 비용이 저렴하다. 사쿠라 인터넷은 홋카이도에 진출하면서 현지 채용을 했지만 이직이 많아서 어려움을 겪었다고 한다. 그런데 본사와 동등한 조건의 정규직을 채용하겠다고 방침을 바꾸자 이직률이 낮아져 안정적으로 경영하게 되었다.

다나카 구니히로(田中邦裕) 대표는 부가가치가 높은 사업을 할 수 있는 인터넷 관련 기업이기 때문에 이런 채용이 가능하기도 했지만 어쨌든 노동의 대가를 후려쳐 고용하는 것이 아니라 정당한 조건으로 고용하는 것이 중요하다고 말한다.

오래전 경영자 오하라 마고사부로(大原孫三郎)는 노동자 환경개선을 연구하고 실천하는 노동과학을 일본에서 처음으로 시도했었다. 구라시키방적(倉敷紡績) 등의 사장도 역임했던 그는 노동자를 혹사하는 경영방식에 의문을 품고 공장 온도 등 더 쾌적한 노동환경과 숙소 정비, 적절한 교육 지원 등 적극적인 인재 투자 방식을 채택했다. 다른 경영자들로부터 "그런 쓸데없는 데에 돈을 쓰지 마라"라는 말도 들었지만 결과적으로 근무 의욕을 향상시키고 노동생산성을 높여 실적을 크게 올릴 수 있었다.

구마모토현 가미아마쿠사(上天草)에서 정기 여객선, 관광선, 마리나를 운영하는 기업 시크루즈는 지역 중소기업이지만 비수기에 직원들에게 장기 휴가를 주면서 부가가치 높은 서비스를 만들었다. 그 결과 지역에서 우수한 실적을 내는 기업이 되어 전국에서 인재가 모여들고 있다. 적정 가격을 책정하여 매너 있는 손님을 받고 매너 없는 손님을 가려내 직원의 정착률을 높여 지역 유명 대학에서 취업 희망자가 모여들고 있다. 서비스산업이니까 싸게 많이 팔기 위해 직원을 혹사해도 상관없다고 여기는 시대는 끝난 것이다.

이처럼 안팎에서 기업이 생기는 지역에는 더더욱 기업이 모여들게 마련이다. 코로나19 시대라고 재택근무를 하며 아무것도 하지 않는 지역에 사람과 기업이 올 리 만무하다. 우선 선도적인 정책을 스스로 만들어야 한다. 외부에서 대기업을 유치하겠다는 식의 '인식의 토대'는 얼른 버리고 우선 지역과 회사 스스로 달라지려는 자세를 갖는 것이 중요하다.

스페인의 1인당 소득 최고 지역

최근 10년간 스페인에서 1인당 소득이 제일 높은 주는 바스크 자치주이다. 실업률도 낮고 공적채무비율도 스페인 평균보다 대폭 낮다. 2008년 리먼 쇼크 때 경제하락률도 스페인 전체보다 낮은 건실한 경제구조를 유지하고 있다. 바스크 자치주에 있는 산세바스티앙은 세계 최고의 미식 마을로도 유명하다. 나도 가본 적이 있다.

그렇다면 바스크 자치주가 지속 가능한 경제를 실현한 이유는 무엇일까.

이 지역은 수많은 노동자협동조합이 있는 것이 특징이다. 일본에서는 별로 익숙하지 않은 개념이지만 간단히 설명하자면 자신의 돈으로 출자한 회사에서 일하는 방식을 의미한다. 직원이 주주인 것이다. 몬드라곤 노동자협동조합이 대표적인데, 이 조합은 10만 명을 고용하여 1.6조 엔이 넘는 매출을 올리는 거대 조직이다.

이런 기업모델이 지역에 많이 존재하면 두 가지 면에서 지역경제에 도움이 된다. 하나는 노동자와 경영자 간의 임금 격차 등을 세세하게 규정할 수 있고, 경영자가 불법 수입을 취하기 어렵다. 또한 배당이 이루어지기 때문에 노동자 평균소득이 높아진다.

또 하나는 몬드라곤 등 노동자협동조합은 소비생활협동조합과 융합형으로서 쇼핑몰과 편의점 같은 가게와도 연동되어 지역 내 소비를 활성화한다. 결과적으로 지역 소비에서 발생한 이익이 다시 지역주민에게 돌아간다.

일본은 어떠한가. 어디에서든, 지역 이외의 대기업 쇼핑몰과 본사가 도쿄에 있는 체인점에서 장보기를 하는 것이 보통이다. 노동자는 이들 기업 경영자 급여와는 비교할 수 없을 정도로 낮은 시급을 받고, 지역 소비에 따른 판매 이익은 도쿄 본사로 흘러 들어가고 만다. 이 같은 지역의 경제구조 차이가 지역의 발전과 쇠퇴를 가른다. 그래서 더욱 외지 대기업이 지역에 오면 좋은 일이라는 환상을 거두고 의심해봐야 한다.

스스로 출자하여 지역 안에서 순환시킬 수 없을까. 지역활성화조차 다른 사람에게 맡기자는 단계라면 더는 미래가 없다. 축구팀조차 '바스크 사람만 인정한다'는 엄격한 지역주의를 유지하는 바스크로부터 배워야 한다.

2. 수도권 집중이 끝났다는 가짜 뉴스

"코로나19로 인해 도쿄 등 대도시가 쇠퇴하여 지역으로 이주가 이어지고 있다!"

이것은 코로나19 시대에 미디어가 보도하는 환상의 대표 사례다. 밀집된 대도시권보다 과소화가 진행되는 지역 쪽이 감염 확률이 낮고, 재택근무가 가능하면 어디서나 일할 수 있으므로 사람들이 지역으로 이동한다는 것이다. 과연 그럴까.

사실 이런 관점은 '도쿄는 힘든 곳, 지방은 편한 곳'이라는 환상을 전제로 한다. 그러나 도쿄가 반드시 힘든 곳도 아니고 지역이 반드시 편한 곳도 아니다. 그것은 개개인의 가치관에 따라 판단할 내용이다.

나는 지역 분들과 지역사업을 20년간 해왔기 때문에 수도권을 벗어나 지역으로 흐름이 형성되는 것은 물론 대찬성한다. 그러나 미디어 보도처럼 '지역의 시대다!'라는 표현은 무책임하고 극단적 낙관론에 근거한 것이 많다고 생각한다.

미디어들은 2011년 동일본대지진이 났을 때도 도시보다 지역이 안전하다며 '사람들이 위험한 동일본에서 서일본으로 이동하고 있다'고 보도했었다. 그리고 그 근거로 '지역에 관한 관심이 높아졌습니까'라는 설문 조사 데이터를 제시하며 많은 사람의 관심이 높아지고 있다고 결론을 냈다. 그러나 실제로는 어이없게도 '관심'만으로 끝나버렸다.

당시에 "그래, 맞아"라고 맞장구쳤던 그 누구도 반성하지 않고 있다. 반성하지 않기 때문에 또다시 같은 잘못을 되풀이하고 있다. 단순히 '관심이 높아진다'는 것만으로 '행동으로 옮기는' 단계에 이르지는 못한다. 실제로 수도권으로의 인구이동이 2020년 후반에는 줄어들었지만 그렇다고 해서 수도권 인구가 급감하진 않았다. 도쿄를 떠난 사람들은 실제로는 지역이 아니라 수도권 교외로 향했다.

약 1,300만 명에 이르는 도쿄 인구는 지역으로 향하지 않고 극히 일부만 도쿄권 내 사이타마, 지바, 가나가와로 이동한 것이다. 도쿄 23구*의 경우에는 오사카시 다음 규모로 (전출보다) 전입이 13,000명을 초과하였고, 도쿄도 전체에서는 (전출보다) 전입이 31,000명을 초과하였다.

이렇게 보면 도쿄권 전체로의 전입 인구는 약 10만 명 정도여서 전체 인구와 대비해보면 그렇게 큰 영향력이 있다고 말하기도 어렵고, 결국 도쿄권 흡수력이 역전되는 일은 일어나지 않았다. 즉, '코로나19 발생 이후로도 수도권 인구집중은 변함없고 지역 이동은 나타나

*도쿄 23구는 도쿄특별구라고도 부른다. (역주)

지 않았으며 다소 교외로 이동하는 인구만 있는 정도이다'라고 생각하는 것이 타당하다.

1990년대 후반부터 도쿄 고층 빌딩 개발이 해제되어 고층 아파트 등으로 도심 회귀가 진행되기까지 도쿄 도심 인구가 줄어 교외에 집을 짓고 도쿄 시내로 출근하는 도넛화 현상(인구 공동화 현상)이 나타났다. 코로나19로 다소 도심의 흡수력이 낮아졌지만 도심 회귀 현상은 여전하고 아주 미약한 교외화가 진행되고 있다는 것이 현재 상황에 대한 정확한 평가이다.

그러면 너무 밋밋하니까 '도쿄의 종말·지역의 시대'라고 화끈하게 말하고 싶은 마음은 잘 알겠지만, 그런 말을 맹목적으로 믿어버리고 잘못된 '환상'으로 정책과 사업을 시행하면 정말 위험하다. 마을에서 한 사람이라도 코로나19 감염자가 발생하면 난리 나는 지역에 도시 사람이 태연하게 이사할 리 만무하다.

사실은 증가한 수도권 인구

환상이 만들어지는 이유는 통계를 자세히 보지 않기 때문이다. 2021년 1월 1일 도쿄도 인구는 13,960,236명으로 1년 동안 8,600명 증가하여 1997년 이후부터 25년간 인구증가세를 유지하고 있다. 사회 증감*은 29,618명 증가하였고 그중 일본인이 37,505명

---

*인구변화는 전출과 전입에 의한 사회 증감과 출생과 사망에 의한 자연 증감으로 구분한다. (역주)

총인구 추계의 월별 추이(2018~2020년)

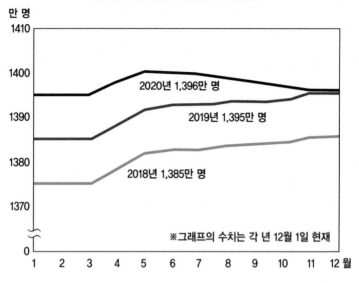

만 명

2020년 1,396만 명

2019년 1,395만 명

2018년 1,385만 명

※그래프의 수치는 각 년 12월 1일 현재

*출처: http://toukei.metro.tokyo.lg.jp

전월 대비 증감 수의 월별 추이(2018~2020년)

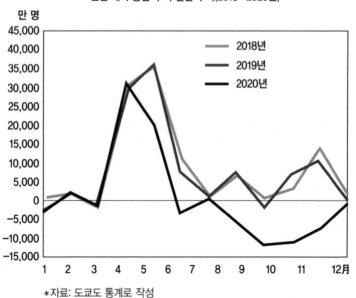

만 명

2018년
2019년
2020년

*자료: 도쿄도 통계로 작성

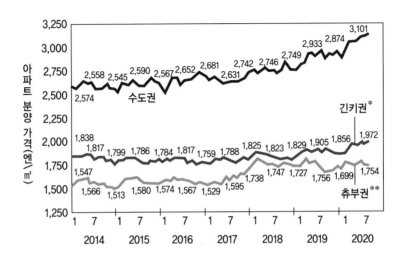

부동산 시황 추이

*자료: ㈜도쿄칸테이 자료를 근거로 작성

증가, 외국인이 7,887명 감소했다. 자연 증감으로는 18,537명 감
소했다. 그중 일본인이 21,006명 감소했고 외국인 2,469명이 증가
했다.

2020년 일본 총인구는 약 50만 명 감소했다. 도쿄는 플러스마이
너스로 인구증가세를 유지하고 있으니 결국 지역 인구가 감소한 것

---

*긴키권은 교토부, 오사카부의 2부, 시가현, 효고현, 나라현, 와카야마현, 미에현의 5현
그리고 때때로 후쿠이현과 도쿠시마현을 포함하는 지역이다. (역주)
**츄부권은 아이치현, 기후현, 미에현, 시즈오카현, 이시카와현, 도야마현, 후쿠이현,
니가타현, 나가노현, 야마나시현을 포함하는 지역이다. (역주)

이며, 수도권 인구집중은 전혀 해결되지 않은 채 그대로이다. 이런 데이터는 도쿄도가 매월 발표하므로 실시간으로 보더라도 도쿄에서 급격히 사람이 없어지는 현상은 없다. 이렇게 데이터를 잘 살펴보면 지나친 야단을 떨 수 없다.

부동산 시장은 더 빠르다. 실수요 인구증가가 계속되고 금융완화로 자금 공급이 증가하면서 도쿄도 내 부동산은 상승 곡선을 이어가고 있다. 부동산 역시 수도권 집중이 멈추지 않고 있다. 코로나19 때문에 도시를 벗어나 일제히 지역으로 이동하는 일은 일어나지 않는다. 아무것도 하지 않은 채 '나무 밑에서 감 떨어지기를 기다리는 것'처럼 도쿄에서 지역으로 인구가 이동하고 지역이 저절로 재생한다는 아름다운 시나리오는 존재하지 않는다.

거시적 관점이 아니라 개별 차원에서 보면 코로나19 위기 때문에 일부 사람들은 지역으로 이동하겠다고 선택할 수는 있다. 그러나 그들에게도 어떤 지역으로 갈지 선택할 권리가 있다. 아무 노력도 하지 않고 그저 나무 밑에서 감 떨어지기를 바라는 형국의 지역이라면 선택할 리 없다. 즉 대도시에서 어떤 일이 벌어져도 자신들의 동네에서 계속 노력하여 외지인을 받아들이고 자신들의 산업을 일으키려고 노력하는 지역에만 새로운 기회가 오는 것이다.

3. 인구감소 개념에 기반한
   지역재생은 틀렸다

애초에 '인구라도 증가하면 지역이 활성화될 수 있다'는 사고방식 자체가 환상이다. 일본이 반세기 이상 전에 전쟁에서 패한 후 가장 큰 사회문제는 방대한 인구 속에서 파괴당한 사회자본, 그리고 빈약한 경제력이었다. 인구폭발이 사회문제인 상황 속에서 인구억제라는 관념이 형성된 것이다.

인구는 급격히 증가해도 문제, 급격히 감소해도 문제다. 제일 바람직한 것은 완만한 인구증가이지만 그런 흐름을 형성할 수 있는 마지막 기회는 단카이(団塊) 주니어* 세대가 출산기를 맞은 1990년대 후반부터 2000년대 전반이었다. 그러나 그 마지막 기회조차 놓치고 말았다.

버블 붕괴로 인한 취업 빙하기, 그리고 비정규직 고용 등의 규제 완화가 단카이 주니어 세대를 직격했고 결혼·출산 시나리오는 나타나지 않았다. 대신 국가 내수를 축소했고 긴 디플레이션 경제의 한 원인이 되어버렸다. 기업 업적과 금융시스템 재생을 우선한 결과, 국가의 근간이 흔들린 것이다.

그 와중에 2014년 지방창생정책이 시작되었다. 지방창생정책은

---

*일본의 단카이 세대는 1947-1949년생으로서 이 시기는 1차 베이비붐 시대였다. 단카이 주니어 세대는 그들의 자녀들로서 1970-1974년생을 지칭하며 이 시기를 2차 베이비붐 시대라고 부른다. (역주)

수도권 인구집중이 인구감소 원인이며 이대로 가면 지역이 소멸해버리고 만다는 지역소멸론에 기초한 것이었다.

지역 유지를 위해 청년의 인생을 이용한다는 발상

지역재생정책의 큰 성과는 이제까지 지역의 '지(地)'자도 말하지 않던 많은 민간기업이 '앞으로는 지역재생이다'라고 입 밖으로 내뱉게 되었다는 것이다. 많은 민간기업이 지역과 연대 사업을 모색하게 되었고, 벤처기업도 지역에 눈을 돌리게 되었다. 그러나 지역이 인구감소로 쇠퇴하게 되었고 그 해결을 위해 재생시킨다는 사고방식 자체가 대단한 '환상'이다.

원래 인구감소는 도쿄에서 지역으로 청년이 이동하면 해결될 수 있는 수준을 훨씬 넘어선 상태이다. 상대적으로 낮은 밀레니엄 세대의 출산율이 단카이 세대 이상의 급속한 사망률을 앞설 수 있다는 것 자체가 '무리한 작전'이다.

또한 지역 인구감소는 쇠퇴 원인이 아니라 그 결과이다. 즉 돈벌이 산업이 적어지고, 정부 예산에 의존하는 경제, 도쿄의 피라미드 계급 사회 상황을 방치한 결과로 인구가 유출된 것이다. 이것은 지역만의 책임이 아니라 국가의 제도 문제가 더 크다.

전쟁 전에 존재하지 않았던 지역 격차 문제를 해결하려고 지역교부금, 공공사업비, 여러 가지 보조금을 교부한 결과, 지역은 스스로 산업을 굳건히 하기보다 '어떻게 나라에서 돈을 끌어올까'라는 경쟁에 날을 세우게 되어버렸다. 지역 내 산업도 행정예산에만 의존하게 되었고 보다 많은 예산을 획득할 수 있는 지역기업이 경제적으로 성공하는 것처럼 되어버렸다.

유일하게 교부금을 받지 않는 도쿄도가 교부금을 받는 다른 지역보다 산업 규모가 커진 것은 필연적 결과이다. 전쟁 전에는 독자적으로 경쟁력 있는 산업을 집적하는 지역이 발전하였지만, 전후에는 지자체로 흘러내려 가는 돈의 규모가 커지고 거기에 사람과 물건도 집적하게 되었다. 전후에 현청 소재지보다 높은 성장률을 기록한 지역은 시즈오카현 하마마쓰시(浜松市) 등 정말 일부에 지나지 않는다.

원래 지역재생은 수익을 창출할 수 있는 인센티브를 부활하여 지역이 독자적이고 다양한 발전을 할 수 있도록 권한과 재원 모두 위임하는 것이었지만 실제로는 주객전도하여 회복 불가능한 인구문제로 치환돼버리고 말았다. 또한 '지방소멸'을 주제로 인구감소 때문에 지역이 재생될 수 없다는 분석을 연구한 일본창성회의(日本創成會議)*는 현재 활동을 중지한 채 방치되어 있다.

물론 인구가 전체적으로 감소하는 시대이므로 지자체도 적절히 통폐합하여 파탄 나지 않게 대응하는 것이 중요한 문제이긴 하다.

---

*2014년 5월, 마스다 히로야(增田 寬也) 전(前) 총무장관이 주도하는 민간연구단체 일본창성회의는 「성장을 이어가는 21세기를 위하여: 저출산 극복을 위한 지방활성화 전략」이라는 보고서(일명 '마스다 보고서', 원문은 http://www.policycouncil.jp/pdf/prop03/prop03.pdf)를 발표하였다. 이 보고서는 일본 전체 1,799개 지방자치단체의 절반에 육박하는 896곳이 2040년까지 소멸할 것으로 예측하였고, 특히 이 가운데 총인구 1만 명에 못 미치는 523곳의 소멸 가능성이 크다고 전망하였다. 이후, 마스다 보고서가 2014년 6월과 7월에 《주오코론(中央公論)》에 발표되었고, 2014년 8월에 『지방소멸: 도

이때 지자체 단위를 사람에 맞추는 것은 당연하지만, 그렇다고 지자체 단위 유지를 위해 사람들의 생활거점을 강제적으로 이동시키는 일은 본말이 전도된 것이다.

무리한 내용을 전체 전략으로 정해버리면 아무리 좋은 개별 시책을 제시한들 바라는 성과를 얻기 어렵다. 사업의 전제가 환상에 기초하면 아무리 방대한 예산을 투여하고 다양한 사업을 구상해도 결과나 성장이 나타나지 않는다. 그 전형적인 사례가 지방창생정책이다.

인구이동, 인구분산 목표를 제시했던 아베 정권은 목표 달성에 실패하고 2019년 목표를 단념해버렸다. 2014년 이후 도쿄권으로 인구 유입은 감소하기보다 오히려 증가세를 보이고, 매년 10만 명 전후의 전입 초과를 기록하며 수도권 인구집중은 가중되었다. 혹여 그 목표를 달성했다 하더라도 지역이 활성화되었다고 평가하기 어렵다.

지역에 부가가치 높은 산업이 새로이 생기지 않았고, 일시적으로 3년 정도 이주·정주 보조금 등 한시적 수입을 받고 지역부흥협력대**로 지역에 간 인구가 수 명·수십 명 증가한들 구조적으로 변하는 것

교 일극집중이 초래하는 인구 급감』이라는 제목으로 책으로 출간되어, 2015년 신서대상(新書大賞)을 수상할 만큼 일본 사회에서 큰 관심을 받았다. 한편, 이러한 논리에 대해서는 '수도권 중심 접근', '경제 지상주의', '지역 포기 논리', '단일변수 의존', '배제의 정당화' 등과 같은 논쟁이 진행되었다(구체적인 논쟁 내용에 대해서는 박승현. 2016. "지방소멸과 지방창생: 재후(災後)의 관점으로 본 마스다 보고서." 『일본비평』 제16호: 158-183; 이정환. 2018. "일본 지방창생정책의 탈지방적 성격." 『국제·지역연구』 27(1): 1-32. 참조) (역주)

은 아무것도 없다. 인구론에 지배당한 지역활성화론은 어디를 보더라도 무리한 일이다. 인구라도 늘면 모든 것이 해결된다는 환상을 버리고 앞을 내다보는 사고가 필요하다.

인구론에 의존하지 않는
지역활성화 대책도 가능하다

원래 인구가 적어서 국가와 지역이 잘 안 되는 것이 아니다. 전쟁 전부터 인구감소를 고민해온 프랑스조차 일본 인구의 반 정도이지만 무역수지로는 일본을 앞선다. 일본에서 공업제품을 프랑스에 수출해도 패션, 화장품, 와인, 치즈, 시계 등을 수입하기 때문에 하이테크 수출만으로 앞서갈 수 없는 상황이다.

디올, 루이비통 등 다양한 명품 브랜드를 보유한 LVMH 그룹의 베르나르 아루노(Bernard Arnault) 회장은 2021년 1월 현재 세계 제4위 자산가이다. 1위는 테슬라의 일론 머스크, 2위는 아마존의 제프 베이조스, 3위는 마이크로소프트의 빌 게이츠이다. 5위가 페이스북의 마크 저커버그이니, 결과적으로 미국 하이테크 산업 부호들에 맞서 프랑스 파리를 본거지로 하는 패션 등 로우테크(low-tech) 분야

_____

** 일본에서 2009년부터 실시한 지역부흥협력대의 정식명칭은 '地域おこし協力隊'로서 원어 그대로 번역하면 '지역을 일으켜 세우는 협력대'이다. 우리나라에는 2015년부터 보도자료를 통해 소개되었는데 지역이전협력대, 지역창조협력대, 지역만들기협력대, 지역활성화협력대, 지역진흥협력대, 지역방문협력대 등 여러 가지 이름으로 부르다가 2015년 말부터는 지역부흥협력대라고 부르기 시작했다. (역주)

의 거대 기업이 톱으로 군림하고 있다.

국내로 눈을 돌려보면 홋카이도 에탄베쓰(江丹別)에서 블루치즈를 생산하는 이세 쇼헤이(伊勢昇平)가 재미있는 작업을 하고 있다. 에탄베쓰는 80명 정도가 거주하는 홋카이도 아사히카와 교외의 아주 작은 마을이다. 그런 곳에서 그는 자연 방목 소 사육에 정통한 가정에서 태어났다. 홋카이도에서는 우유를 출하하면 1리터에 80엔 정도를 받기 때문에 대규모 낙농업을 하지 않으면 사업적으로 성공하기 힘들다. 그러나 그의 집에서는 자연 방목으로 소를 키우기 때문에 양이 많지 않았다. 오히려 그는 역발상으로 블루치즈를 개발하였고 지금은 비행기 일등석과 최고급 레스토랑에 공급하는 인기 상품이 되었다.

생산량을 함부로 늘리지 않기 때문에 가치가 올라 1리터당 1,000엔 넘는 금액이 되어 부모 형제 그리고 자신의 가족 3대까지 먹고 살 수 있는 고부가가치 낙농업을 만든 것이다. 또한 그의 독자적 라이프스타일에 많은 사람이 공감하여 에탄베쓰에 레스토랑이 생기기도 하고, 젊은이들이 모여 삼림욕 요법(forest therapy)을 계획하는 등 재미있는 일들이 만들어지고 있다. 고작 80명 규모의 마을에 조금씩 인구가 증가하고 있는 것인데 이는 어디까지나 결과적인 현상이다. 땅의 힘을 이용하여 그 지역에서 할 수 있는 독자적 산업과 생활을 만들어냈기에 사람이 모여든 것이다.

프랑스와 이탈리아 등 유럽 지방 도시에 가면 주변이 목초지대와 와인용 포도밭으로 둘러싸인 자그마한 마을에 멋진 레스토랑이 있다. 저녁이 되면 지역주민들이 모여 지하 와인셀러에서 꺼내 온 와인으로 멋진 저녁을 즐기곤 한다. 단순히 공업화되어야만 지역이 경제적으로 성공하는 것은 아니라는 사실을 보여준다.

단지 프랑스이기 때문에 가능했던 것은 아니라는 것을 일본 에탄베쓰 사례를 보면서도 느낄 수 있다. 지역 마을은 도시와 대립하는 것이 아니라 도시에 의한 소비와 마을에 의한 생산으로 상호 연결되는 관계가 될 수 있다. 에탄베쓰도 유사한 사례인데 아사히카와라는 홋카이도 대도시가 근접해 있고 그곳과 연결되면서 국내외로 블루치즈를 수출할 수 있다는 것을 보여주고 있다. 즉, 도시를 자극해 인구를 지역으로 이동시킨다는 대립적 사고방식은 '환상'이다. 도시와 지역 마을은 서로 적절한 역할을 갖고 적절한 협력관계를 구축해야 한다.

메이지 시대* 이후 수립한 인구폭발에 맞춘 사회제도와 경제제도 때문에 이제는 인구감소를 걱정하게 되었다는 그 마음은 충분히 알겠지만 이미 새로운 부가가치를 만들어내는 방향으로 시대가치가 변하고 있다. 경제성장을 그만둔다는 것은 아니지만 지금까지와 다른 접근의 경제성장 시나리오가 필요하다.

---

*메이지 시대는 1868-1912년까지이다. (역주)

4. 인바운드 소실 때문에
관광업이 붕괴한다는 허상

최근 수년간 지역에서는 관광입국정책에 거액의 국비가 투입되었고, 관광비자 발급 규제완화 등 인바운드* 수요에 열중하고 있다. '지역 성장을 위해서는 인바운드 관광밖에 없다'는 환상에 열을 올리고 있는 것이다.

전국에서도 유명한 규슈 지역 관광지에 많은 외국인 관광객이 방문하지만 '인력이 부족해서 많은 손님을 받기 힘들다'고 하는 곳들이 많다. 대형 호텔조차 일부만 문을 열고 운영하는 상황이다.

애초에 저렴한 단가로 단체 관광객을 받아들이는 것은 지역의 실정에서 무리였다. 대형 크루즈선의 항만시설을 정비한다 해도 배의 체류시간은 짧고, 크루즈 여행객이 대량 구매를 한다 해도 수백억 엔이 드는 항만시설 투자금 회수까지 가능한 정도로 구입하는 것은 아니다.

즉, 인바운드 관광객을 유치한다는 것은 앞서 말한 인구 획득 경쟁처럼 수치 논리에 기반한 생각일 뿐이다. 관광객을 '교류인구'라고 말하곤 하는데, 정주인구를 도쿄에서 지역으로 이주시키는 정책처럼 외국에서 관광객을 받아들여 일본 지역에 교류인구를 늘린다는 것

---

*이 책에서 인바운드(inbound)는 외국인의 국내 여행을 의미한다. 번역으로 하면 부자연스러울 수 있고 관광업계 전문용어라는 관행을 따라 이 책에서는 인바운드라는 용어를 그대로 사용한다. (역주)

이 관광정책의 기본이었다.

현장에서 무리한 일이 생기기도 하고 정책적으로 투자와 회수가 맞지 않는 상황에서 설상가상으로 2020년 코로나19 쇼크로 국제 관광은 완전히 정지되어 인바운드에 의존한 지역관광은 완전히 씨가 말라버렸다.

그렇다면 인바운드가 안 되는 지역 관광은 불가능한 것일까. 2019년 『관광백서』를 보면 국내 여행객은 일본인 82.7%, 외국인 17.3%이다. 금액으로 치면 26조 1,000억 엔 관광시장에서 외부로부터의 인바운드는 4조 5,000억 엔에 지나지 않는다.

아마도 코로나19 사태가 진정된 후에도 자유롭게 해외여행을 다니려면 시간이 좀 필요할 것이다. 2017년 관광청의 『여행·관광산업의 경제효과에 관한 조사연구』에 의하면 해외여행에 따른 해외소비 지출 시장 규모는 2조 8,000억 엔이다.

이 금액은 국내소비에 대한 것이다. 정책의 좋고 나쁨은 차치하고라도 국내 관광 수요를 올리기 위한 '고 투 트래블 캠페인'*에 의해 2020년 10월부터 12월까지 폭발적으로 국내 관광수요가 증가했는데 이는 국내 관광의 잠재적 수요 규모를 말해주고 있다.

---

*고 투 캠페인(Go To Campaign, Go To キャンペーン)은 2020년 코로나19로 인해 피폐해진 경제를 살리기 위해 2020년 4월 일본 정부가 긴급경제대책으로 실시한 정책이다. 이 캠페인은 국토교통성의 Go To 트래블(Go To トラベル), 식사 수요를 늘리는 농림수산성의 Go To Eat, 이벤트 등 티켓 요금을 보조하는 경제산업성의 Go To 이벤트(Go To イベント), 상점가 진흥을 위한 Go To 상점가(Go To 商店街)로 구성되었다. (역주)

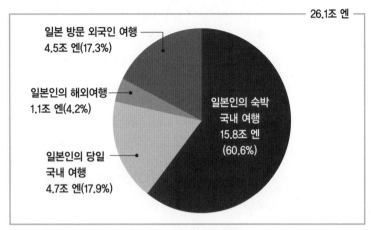

일본 국내 여행 소비 규모

26.1조 엔

일본 방문 외국인 여행
4.5조 엔(17.3%)

일본인의 해외여행
1.1조 엔(4.2%)

일본인의 당일
국내 여행
4.7조 엔(17.9%)

일본인의 숙박
국내 여행
15.8조 엔
(60.6%)

*자료: 관광청, 『여행·관광 소비 동향조사』를 근거로 작성

인바운드 의존을 벗어나야 할 때

인바운드 시장이 성장한다 해도 아직 국내시장에서의 비율은 높지 않다. 심하게 말하면 국내 저가 항공이나 크루즈선 등 저가 여행객만 타깃으로 할인 작전만 전개하는 박리다매 정책을 펴면 요즘 같은 인구감소사회에서는 큰 문제가 생길 수 있다. 따라서 매출보다 이익률을 높이기 위해 노력해야 한다.

아무래도 신규 시장에 관심이 가긴 할 것이다. 일본 지역을 방문하는 외국인은 단체 여행이 많다. 특히 아시아계 외국인 여행객이 많다. 그러나 한편으로는 시장의 80%를 차지하는 일본인 여행에 대해

마을 만들기 환상

서는 소홀히 하는 측면이 있다.

당일치기 여행으로 한정해도 일본인 국내 여행은 4조 7,000억 엔 규모이기 때문에 외국인에 의한 인바운드 소비 4조 5,000억 엔보다 규모가 크다. 지역은 코로나19 사태로 바다 건너 외국에서 오는 손님뿐만 아니라 지역 손님, 국내 손님이라는 거대 시장이 가까이 있다는 식으로 생각을 고쳐야만 한다.

5. 박리다매가 지역을 망하게 하는 이유

관광만 아니라 지역사업은 '박리다매식으로 지역을 알리는 것이 선(善)'이라는 환상에 지배당하고 있다. 관광 기획, 상품 기획, 마을 살리기 이벤트 기획, 모든 것이 무료, 또는 원코인(one coin)으로 해결 등 이미 차고 넘칠 만큼 많은 기획이 있는데도, 이 기획들이 좋다고 믿는 사람들에 의해 이런 기획이 계속 생기고 있다. 그러나 바로 그런 사고방식이 지역을 가난하게 만들어왔다.

지역은 농림수산업으로 식품을 생산할 수 있고 유명 관광지도 있어 관광산업도 할 수 있다. 그러나 그런 것들을 모두 싸게만 공급하는 것이 문제이다. '싸게 좋은 것을 제공하는 것이 미덕'이라고 계속 세뇌당해 온 것이다.

상품과 서비스 공급을 받는 도시 사람들에게 그런 저렴한 가격은 매우 고마운 일이다. 그러나 공급자로서는 싸게 많은 상품을 생산하기 때문에 이익을 얻기 힘들다. 전후의 식량 부족 시기라면 그게 인간적으로 훈훈하고 좋은 일이 될 수 있지만, 인구마저 감소하는 지금 시대에 계속할 방법은 아니다. 또한 지역 손님을 상대로 하는 지역 서비스산업도 적은 매출에 허덕이는 악순환이 반복된다는 문제도 생각해보아야 한다.

가격 책정 오류라는 구조적 결함

생산지에서 가격 책정을 착각하는 것에는 구조적 결함이 있다. 생산자가 생산물을 사는 경우가 거의 없기 때문이다. 당연한 말이지만 성게잡이 어민이 성게를 직접 살 일도 없고 딸기 농가가 딸기를 살 일도 거의 없다. 즉 '내가 만들까', '받을까' 하는 식으로 시장을 통해 흥정하며 구매한 적이 없어서 생산자들은 적정 가격을 매기는 데 서투르다.

지인이 이와테현의 성게 산지와 온라인 직거래를 기획했을 때 가격 산정 때문에 주민들과 갈등한 적이 있었다. 지인은 도쿄 초밥집에서 판매할 가격을 고려하여 1병에 만 엔으로 하자고 제안했다. 이와테에서는 우유병에 바닷물과 성게를 넣어 판매하는 것이 일반적인데, 우유병에 가득 넣은 성게의 양을 생각하면 결코 비싼 가격이 아니었다.

그러나 어민들은 "너무 바가지야. 팔릴 리가 없어", "팔리지 않으면 어떻게 할 건데?"라며 지인에게 항의했다. 지인이 "안 팔리면 내가 모두 사겠다"라며 온라인으로 판매한 결과, 바로 완판되었다. 이렇게 하여 연중행사가 된 성게 구매는 단골 중에 싸고 좋은 성게를 알고 직접 초밥집까지 찾아오는 사람이 있을 정도로 인기를 끌게 되었다.

생산자들은 시장과 직접 거래할 기회가 드물어서 가격 설정이나 상품성 평가에 매우 서투르다. 그래서 산지 직거래를 하려고 해도 터무니없이 싸게 가격을 매겨버리고 만다. 게다가 후하게 베푸는 마음마저 있으니 더더욱 그렇게 퍼 줘버린다. 그러나 그렇게 하면 지역 산업은 살아남기 어렵다. 감당할 사람이 없을 정도로 '싸고 많이'를 남발해버렸기 때문에 적절한 가격 인상에 효과적으로 대응하지도 못한다.

가격을 높게 책정하면 지역에서 비난받는다

농림수산업만 그런 것이 아니다. 가격을 높게 책정하면 기존의 지역 음식점으로부터도 비난을 받는다. 홋카이도 히다카(日高) 시즈나이(静内)의 음식점 야마야는 지역 미식을 제공하는 고급 음식점을 표방하며 업태를 바꾸었을 때 지역주민들로부터 비난받았다. '봄 성게'라는 해금 후의 성게를 먹는 기획을 시작했을 때도 "그렇게 해서 손님이 온다면 아무나 장사하겠다"라는 비아냥거림을 들었지만 손님이 몰려드는 지금은 어느 가게나 봄 성게 깃발을 내걸고 판매하고 있다.

오키나와 이시가키지마(石垣島)의 대인기 쥬얼리 브랜드 테라어스의 다이라 시즈오(平良 静男)도 시내에 멋진 플래그십 스토어*를 열었을 때 "저런 사치스러운 가게는 이 지역에서는 안 돼. 3일이면 망할 거다"라는 말을 선배들한테서 자주 들었다고 한다.

'싸고 많이' 방식으로 계속 망하는 흐름인데도, 고부가가치 서비스에 대해 "바가지다", "3일이면 망한다"라는 험담을 늘어놓는 사람들이 속속 나오는 것이다. 어떻게 해도 지역주민들은 자신들이 유지해온 '싸고 많이'가 정답이라고 믿고 싶어 한다. 그러나 바로 그런 방식이 지역을 쇠퇴시킨다.

적은 인구로 고부가가치 제품을 만들면
계속 잘살 수 있다

프랑스에서 1인당 소득이 높은 도시 중의 하나는 인구 2만 3,000명의 에페르네(Epernay)라는 마을이다. 그렇게 작은 도시가 소득이 높다는 사실을 의아하게 생각할 수 있지만, 에페르네는 샴페인 수도라 일컬어지기도 하는 유명한 마을이다. 6,400억 엔이 넘는 규모의 샴페인을 세계로 수출하는데 인구는 적어서 1인당 평균소득이 높다. 샴페인 생산은 대부분 500년 이상 가족경영을 하는 농가에서 담당한다. 이들은 공업형 생산방식으로 운영되는 곳이 아니다.

---

*플래그십 스토어(flagship store)는 시장에서 성공을 거둔 특정 상품 브랜드를 중심으로 브랜드의 성격과 이미지를 극대화한 매장이다. (네이버 지식백과) (역주)

그 가운데 2018년에 곳세라는 샴페인 생산지를 방문한 적이 있다. 주변의 공업화로 성공한 도시들은 지금은 쇠퇴했다고 한다. 반면 주변에서 공업이 발달했기 때문에 대량으로 고강도 유리병을 생산할 수 있어서 수출하기에 더 효과적이었다고도 한다. 농업과 공업이 대립하는 것이 아니라 상호 보완적 관계를 형성한 것이다. 그 땅에서 나는 작물 그리고 (화려한 스펙보다) 그 땅에 뿌리내린 역사, 전통이 지역 번영으로 이어진 것이다.

일 경제와 상품경제의 균형 문제

'이제부터 인바운드다'라는 식의 '환상'에 갇혀버리면 국내시장의 가치가 떨어질 뿐만 아니라 '모조리 다 관광'이라는 사고방식에 빠져버리고 만다. 이런 사실도 코로나19 때문에 밝혀진 일이지만 국내소비에서는 상품경제도 매우 큰 규모인데 그것을 도외시하면 매우 불균형한 지역경제모델을 초래할 수 있다. 즉, 지역에서는 해외와 국내(전국+지방) 그리고 일 경제와 상품경제 조합을 효과적으로 균형 있게 유지하는 것이 중요하다.

코로나19로 집에 머무는 시간이 늘면서 인터넷으로 상품을 주문하는 온라인 수요가 확대되고 있다. 힘든 상황이지만 도시에서 인터넷으로 거래하면 할수록 지역에도 기회가 된다. 2021년 1월 『도쿄도 생계분석조사보고』에 의하면 노동자 가구 소비지출은 1가구당 34만 6,351엔이다. 외출하지 않기 때문에 온라인 구매가 이루어지며 상당히 유망한 시장이 형성되었다. 지역까지 오게 하지 않아도 전국적인 상품경제시장이 형성되고 있다.

실제로 코로나19 때문에 파스타의 자택 소비가 늘어 규슈산 원료로 만드는 규슈 팬케이크를 판매하는 규슈 테이블의 '세븐그레인 파스타'도 급성장하고 있다. 규슈 테이블은 지역이 인바운드에만 몰두하고 있을 때 침착하게 규슈 지역의 좋은 소재를 조합하여 스토리를 구성하고 상품을 만들어 인터넷으로 판매할 수 있는 시스템을 구축했기에 이 기회에 성장할 수 있었다.

언제나 '하나의 사업에 집중하는 것이 좋다'는 사고방식이 있지만 이 또한 '환상'이다. 전환기에는 적절하게 다각화를 꾀할 수 있는 기업이 경영 기반을 유지할 수 있다. 규슈 테이블 등을 경영하는 잇페이(一푸)그룹은 음식점 부문, 식품제조판매 부문도 있고 규슈 각지에 사무 공간을 만드는 규슈 아일랜드워크라는 회사도 경영한다. 이러한 다각화 경영 때문에 코로나19 위기 속에서도 안정적인 경영을 유지하고 있다.

또한 상품 브랜드는 지자체를 중심으로 만들 수 있다는 6차 산업화*의 '환상'을 파괴하고 규슈라는 지역 중심으로 여러 가지 사업을 전개하며 강력해졌다. 환상을 의심하고 상식적으로는 만들기 어려운 새로운 콘셉트를 만들어내어 구체화하는 것이 중요하다.

지금까지는 지역이 대도시 시장으로 진출하기 위해서는 기본적으로 대도시에 점포를 만드는 것이 중요했다. 그런데 이제는 대도시의 일자리 방식이 바뀌어 온라인화가 진행되고 있으므로 지역에 있으면서도 다양한 상품을 대도시와 거래할 수 있게 되었다.

---

*6차 산업은 1차(농림수산업), 2차(제조·가공업), 3차 산업(유통·서비스업)을 복합해 농가에 높은 부가가치를 발생시키는 산업을 의미하며, 국내에서 사용되는 공식 명칭은 '농촌융복합산업'이다. (시사상식사전) (역주)

제2장

잘난 사람은 모르는
큰 착각

마을 만들기는 매우 모호한 형태로 진행되고 있는데 개인을 배제하고 조직과 커뮤니티 단위로 진행되는 경우가 많다. 그러다 보니 개인의 책임감이 희미해져 의사결정이 늦어지거나 적당히 넘어가기도 한다.

제1장에서는 개인이 얽매이는 환상을 소개했다. 제2장에서는 민관 의사결정권자들의 환상에 관해 이야기해보겠다. 사실 잘난 사람일수록 환상에 빠져 착각한 채 사업을 진행하여 지역 쇠퇴를 가속하는 일이 많다.

1. 나랏돈이 지역을 살린다, 정말일까

개인의 노력만으로 이미 실패한 전략을 회복하는 것은 불가능하다. 실제로 전체 전략을 수립하고 집행하는 것은 리더 혼자 할 수 있는 일이 아니다. 환상을 극복하기 위해서는 방대한 데이터를 모아 정밀하게 조사해야 한다.

리더의 역할은 인사(人事)가 90%를 차지한다고 해도 과언이 아니다. '무엇을 할까'보다 '누구와 할까', '누구에게 맡길까'가 압도적으로 중요하다. 그런데도 쇠퇴 지역의 많은 리더들은 "우리 지역에서 뭘 하면 되나요?", "예산이 얼마나 필요한가요?"라는 말만 되풀이한다. 즉 '괜찮은 사업에 적절한 예산만 확보하면 성공한다'는 환상에 얽매여 있다.

좋은 사업에 적절한 예산을 확보해도 엉망진창인 팀으로는 절대로 성공할 수 없다. 반대로 훌륭한 팀이 있으면 처음 계획대로 진행되지 않더라도 최종 종착점은 보일 수 있다. 예산도 마찬가지다. 처음부터 충분한 예산 확보에만 열을 올릴 것이 아니라 부족한 예산을 스스로 확보하는 승부를 하려고 노력해야 한다. 그러려면 적극적 의지가 있는 팀을 만드는 것이 모든 도전의 시작이다. 따라서 리더는 사업 아이디어 모색이나 예산 확보가 아닌 좋은 인사에 주력해야 한다.

잘난 정도까지만 공부하다 멈췄기 때문에 망하는 나라

여기에서 문제가 되는 것은 잘난 사람의 학습 의욕이다. 최근 평생교육이 주목받고 있지만 실제로 학교 졸업 후에도 꾸준히 재교육을 받아 스킬 업(skill-up) 하려고 하는 인재는 별로 없다. 여러 조사에서도 평생교육을 받고 싶어 하는 나이는 20대에서는 높게 나타나지만 50대, 60대에서는 적은 편이다.

강력한 연공서열이 작동하는 조직에 길든 연령이 의사결정권자가 되면 매우 이상한 오류가 나타난다. 예를 들어 지금의 50대가 취업한 1990년대와 현재 사회는 매우 다르다. 지금의 의사결정권자가 젊었을 때 받은 교육은 30년 전의 교육이며, 고도경제성장기의 교육이라서 지금은 전혀 도움이 되지 않는다.

그러므로 조직 밖에서 다양한 접점을 가지고 적절한 학습 시간을 확보하여 배울 필요가 있다. 특히 의사결정을 하는 연령대가 되면 위에 상사도 없으니 잘못을 지적할 사람도 없어서 있을 수 없는 결정을 하고 만다. "잘난 사람이 되면 공부는 안 해도 좋아"라는 환상은 버리고, "잘났기 때문에 누구보다도 공부하지 않으면 안 된다"라고 여겨야 한다.

그러면 계속 배운다는 것은 무슨 의미일까. 우수한 의사결정을 하는 사람들은 책을 많이 읽는다. 이것은 국내외, 도시와 지역 할 것 없이 모든 우수한 사람의 공통점이다. 책은 가장 가성비 좋게 배울 수 있는 매우 유용한 매체이다.

대만에서는 내 책 4권이 번역되어 정부와 지자체, 기업 경영자 등이 폭넓게 읽고 있다. 2019년부터 대만 정부는 지역재생 원년을 표방하며 지역정책 강화를 추진해왔다. 또한 2018년 심천, 2019년 상해에서 개최된 도시포럼에 참석했을 때는 중국 본토에서 번역되지 않았을 텐데도 내 책을 읽었다는 말을 들었다.

"대만에 여행 갔을 때 사서 읽었어요. (한자의) 글자체는 조금 틀리기는 하지만 내용은 알 수 있었어요. 그리고 대만에서는 빠르게 일본 책을 번역하는 편이라서 대만에 방문할 때 모아서 사 옵니다"라는 말을 들었을 때 깜짝 놀랐다. 역사책이나 다른 나라의 책 등을 폭넓게 읽고 식견을 넓히는 사람들은 역시 훌륭하다.

예산 남용은 사람을 피폐하게 한다

쇠퇴 불안에 관해 공부하지 않고 사업 확장만 생각하는 의사결정 권자들은 필요 없는 예산을 계속 신청한다. 무턱대고 사업 수만 늘려 예산을 많이 받기 때문에 본인은 '이득 본 기분'이라고 생각할지 모르지만 성과도 나오지 않는 사업이 늘기만 하면 사람은 피폐해진다. 예산을 위한 사업을 추진하기 위해 인재를 채용하면 정작 중요한 사업에 집중하기도 어렵고 모두 무너지기 때문이다.

무모한 전선 확대는 전멸이다. 그런 전선 확대가 일어나는 이유는 많은 행정조직이 '예산을 끌어오는 놈이 최고'라는 환상을 품고 있기 때문이다. 예산 확보 능력으로 업무평가를 받는 것이다. 이것이 전국 각지에 어처구니없는 무용지물 재개발 시설을 만들어 지역에서 돈을 빼앗는 원흉이다.

반면, 전국이 지역재생정책으로 필요 없는 예산 획득을 위해 밤새우며 몰입하는 경쟁구조 속에서 적절한 결단을 한 지자체도 있다. 인구 3만 7,000명으로 근래 5년간 인구변화가 거의 없는 후쿠오카시 우미정(宇美町)은 지역재생 관련 교부금 신청을 포기했다. '교부금을 받으려면 시정촌 연합을 필수적으로 해야 한다는 조건 등을 제시하기 때문에 지역 현실과 맞지 않는다'는 것이 그 이유였다. 불필요한 조건을 맞추기 위해 직원에게 일을 맡기면 더 중요한 지역정책에 쓸 인력이 없다는 것도 이유 중 하나였다. 담당 직원은 "교부금 사용만 전제로 한 시책이 아니라 마을의 독자적인 사고방식을 축적하고 싶다"라고 설명했다.*

지자체 의사결정권자는 예산을 확보하려고 하기 전에 자신들의 지역에서 어떤 시나리오를 구상할 수 있을까. 우선 그 전략을 만드는 시간과 인재를 중요하게 생각해야 한다. 그렇게 해야만 적절한 예산 활용과 사업 선택이 가능하다.

---

*"'지방창생'으로 막을 수 없는 인구 유출, 규슈의 지자체, 독자성의 과제(「地方創生」では防げない人口流出 九州の自治体, 独自性に課題)."(《西日本新聞》. 2019. 12. 22. https://www.nishinippon.co.jp/item/n/570279)

학습하고 일하는 조직이 지역을 바꾼다

민관이 상호 협력한 '인사'와 의사결정권자들이 '공부'하여 사업을 고안한 사례 두 가지를 소개하고자 한다.

하나는 이와테현 시와정(紫波町)의 오갈 프로젝트*다. 후지와라 다카시(藤原 孝) 전(前) 정장은 주민 정책설명회를 외주업체에 맡기지 않고 직원들이 직접 하도록 했다. 설명회 실시를 위해 매년 300만 엔 예산으로 외주를 주면 한정된 횟수밖에 할 수 없고 직원이 배울 기회도 없다. 그런데 직원연수를 보내면 많아도 20만 엔, 직원들을 대학원에 연수를 보내면 100-200만 엔 정도로도 가능하다. 게다가 연수를 마치면 직원이 직접 설명회나 워크숍 운영 능력을 갖출 수 있다.

매해 이런 연수를 받으면 직원 업무 역량도 높아져 외부에서도 높이 평가받는 인재가 된다. 강연에 초청받거나 주변 지자체에서 실행하는 워크숍을 상담해줄 수도 있다. 그렇게 되면 직원들의 자부심도 높아지고 업무 품질도 높아진다. 후지와라는 "자부심을 품고 일할 수 있는 환경을 만들어야 한다"라고 강조한다.

또 다른 사례는 오사카부 다이토시(大東市)이다. 7년 정도 전에 오사카의 민간기업이 주최한 세미나에 강연하러 갔을 때 히가시사카(東坂) 시장과 히가시(東) 국장을 만났다. 나는 늘 주장하던 대로 "벌이가 지역을 바꾼다. 지자체도 스스로 벌어 사회에 필요한 서포

---

*https://ogal.info/project (역주)

터를 해야 한다"라고 말했는데 이들이 내 주장을 인정하고 받아들여 시의 사업에 관해 조언해달라고 요청해왔다.

그러나 나는 단순 컨설팅은 하지 않으며 그건 의미 없는 일이라고 말했다. 다만 새로운 시작을 할 수 있는 민관 연대 프로페셔널 스쿨(현 도시경영 프로페셔널 스쿨)에서 스스로 배워야 한다고 권고했다. 그렇게 말해도 어차피 오지 않으리라 생각하며 한 말이었는데 히가시 국장은 정말로 스쿨 1기생으로 입학했다. 지자체 부장급이 1년 간 진행하는 학교 프로그램에 오는 경우는 거의 없었다.

2년 차에는 건축부 직원인 이리에(入江)도 스쿨에 참가했는데, 오 갈프로젝트의 민간사업 개발을 경험하고 싶다며 (초등학생 자녀를 잠시 전학시키면서까지) 아이를 데리고 수업에 열심히 참여했다. 그녀는 공공에 투자하는 건축 방법을 배웠는데 종래의 경직적인 입찰제도의 한계를 넘어선 방식이 가능하다는 것에 감명받아 지금은 시에서 퇴직하고 스스로 리스크를 안고 민간에서 투자를 모아 다이토공민연대사업회사 대표를 맡고 있다.

2021년 3월에 제1차 대형 프로젝트인 기타조 에리어 재정비사업이 시작된다. 민간자금을 중심으로 새로운 공영주택, 공원을 만드는 사업인데, 민간임대, 상가, 오피스까지 들어오는 구조이다. 우선 사람의 배움에 투자하여 행정기관을 움직이게 하고 의지 있는 직원들을 참여하게 했다. 공영주택 재개발은 시의 일일 뿐이라는 고정관념을 깨고 민관 연대로 새로운 가치를 만들어내는 프로젝트가 하나의 모델로 형성된 것이다.

지자체의 인재 쟁탈전, 공무원 전국시대

앞으로는 인사에 대응하여 변화를 만들어내는 지자체와 그렇지 않은 지자체 간에 큰 차이가 나타날 것이다. 오사카부 시죠나와테시(四條畷市) 아즈마 슈헤이(東修平) 시장은 2017년 당선된 후에 바로 전국에 여성부시장을 공모했다. 그 결과 리크루트 《스모매거진》 전(前) 편집장 하야시 유리(林有利)를 채용했는데 이분이 그 후에 대활약했다.

시는 7개 직종에 걸쳐 중도채용을 했는데 1,100명 이상이 지원했다. 지원자 형편을 고려하여 도입한 화상회의 면접도 매우 호평받았다. 중도채용을 확대하고 보수와 직종 권한도 적절하게 고치면서 인재를 확보했다. 아즈마 시장은 "앞으로는 지자체의 인재 획득이 본격적으로 이루어져 공무원 전국시대가 된다"라고 말한다.

이런 사례로 알 수 있듯이 기존과 다른 방식으로 지역의 가치를 만들어내기 위한 노력이 진행되고 있다. 새로운 형태의 채용 등 여러 가지 새로운 방식이 가능하다. "인력이 부족하고 능력 있는 사람이 모이지 않는다"라고 한탄만 하고 있을 상황이 아니다.

'사람이 안 온다, 청년은 지역에 관심 없다'는 불만만 말하고 과거의 방식을 결코 바꾸려 하지 않는 잘난 사람이 행정과 민간을 갈라놓는 지역에서는 사람이 사라져버린다. 의사결정권자가 인력 부족만 한탄한다면 실격이다. 지역에서도 많은 사람을 모을 수 있다. 외부에만 의존하지 말고 스스로 착실하게 인재를 확보할 방안을 치열하게 고민해야 지역의 미래가 열릴 것이다.

2. 성공 신화만 찾는 병

예산이 있으면 어떻게든 된다고 생각하는 것은 행정기관뿐만 아니라 지역 민간기업 의사결정권자도 흔히 하는 착각이다. 애초에 고객과 금융기관, 투자가 등 자금 조달처와 충분한 대화가 필요한데도 행정기관에만 뻔질나게 드나들며 예산을 따내려는 민간이 많은 지역은 경제 활력이 저하된다. 돈벌이를 만드는 것은 행정의 일이 아니고 민간의 임무인데 이를 내버려두고 있는 민간의 의사결정권자도 많다.

의사결정권자들은 즉시 '답'을 추구할 뿐이고 언제나 '성공 사례를 따라 하면 성공한다'는 환상에 사로잡혀 있다. 매해 어딘가 '성공 지역 사례'를 견학하여 그것을 베끼기 위해 견학 예산을 확보하려고 한다. 잘되지 않으면 다른 사례를 다시 찾아볼 수 있는 행정예산을 확보한다는 무한 루프에 빠져 있는 지역은 여전히 많다.

민간 의사결정권자가 스스로 생각해서 도전하는 것이 아니라 타인으로부터 '답'을 구하고 행정은 예산을 따내는 것을 '일'이라고 생각하며 행동한다. 또한 정부 정책은 전국 각지를 살리겠다며 성공 사례를 찾기에 바쁘다.

이 3개 요소가 전국에서 실패를 대량생산하고 있다. 원래 한 가지

누군가 지방에 도전하여 성공함

▼

모범 사례로 정부의 표창을 받음

▼

전국에서 견학과 강연회 요청이 쇄도함

▼

관계 부처가 중앙정부에 예산을 요청함

▼

지원제도가 실시되고 성공 사례를 모방함

▼

지원제도를 전국에 일률적으로 실시함

▼

지자체는 일제히 예산 신청 경쟁을 함

방법으로 수십 수백 개의 지역을 구하는 마법 따위는 존재하지 않는다. 오히려 성공 사례를 베끼려는 지역이 수도 없이 나오고 그것을 지원하는 제도를 정부가 만들기 때문에 실패하는 것이다.

사례 확산＝실패 전염

원래 새로운 시도를 하는 지역주민들은 어딘가의 성공 사례를 베끼지도 않았고 정부지원제도 때문에 사업을 시작하는 것이 아니다. 사업 수완은 항상 가설 검증 과정에서 발견하는 것이기 때문에 정작 경험하고 있는 당사자도 그게 성공 조건인지 모를 때가 많다.

그런 일을 할 때는 예산 확보도 어렵다. "그런 일을 해도 의미가 없다", "전례가 있나"라는 말을 하며 예산을 주지 않기 때문이다. 결론은 자력으로 돈벌이를 계획해야만 한다. 자금 조달은 지금까지의 시행착오를 모아서 분석하여 기획한 성과로 이루어지는 것인데 언제부터인가 '성공 사례'로 보여야만 예산을 확보할 수 있게 되었다.

그렇게 국가와 지자체에 의해 성공 사례 베끼기 지원제도가 만들어지지만 그러한 지원제도 유무가 지역 성패를 가르는 출발점이 되기도 한다. 지원제도 때문에 시작하는 후발 지역은 처음부터 길을 한참 벗어나 있는 것이다. 이는 '성공 사례를 다른 지역에 전파하면 모두 행복해진다'는 환상에 빠지는 것이다. 모두 행복해질 수도 불행해질 수도 있는 갈림길에 있는 것이다.

어디나 할 것 없이 '워케이션'

모두 같은 사업을 하면 왜 실패할까. 대표적인 것이 '앞으로는 워케이션(workation)* 시대'라는 환상이다. 지역에는 도시에서 워케이션을 받아들여 활성화하자는 말이 퍼지고 있다. 그러나 일에는 수요와 공급이 존재한다. 맞벌이 부부가 대부분인 현실에서 아이들이 학교에 다니는 가족이 얼마나 워케이션을 할 수 있을까. 한정된 자

---

*워케이션은 일(work)과 휴가(vacation)의 합성어로, 원하는 곳에서 업무와 휴가를 동시에 할 수 있는 새로운 근무제도를 말한다. (시사상식사전) (역주)

유가 있는 사람들이 워케이션을 한다 해도 얼마만큼의 지역이 그 사람들의 소비를 지지해줄까. 이런 수급 문제에 대해 생각해볼 필요가 있다. 동시에 지역으로서는 워케이션을 하는 사람들과 구체적으로 연결되어 사업할 수 있을까 하는 현실적인 고민을 해야 한다.

지금 시대의 사업은 '역산', '선제적 영업'이 기본이다. 워케이션을 하는 사람이 있다 해도 그 사람이 일 자체를 유지할 수 없다면 워케이션 자체가 성립되지 않는다. 인바운드 관광 전성기의 '부유층 관광'도 같은 식이다. '앞으로는 부유층 관광'이라고 전국에서 유행할 때 "부유층이 많은 것은 알겠지만 이 가운데 부유층이 있습니까"라고 물어보면 침묵만 흐른 적이 있다.

부유층을 초대한다고 해도 정작 그런 부류가 존재하지 않으면 영업 자체가 불가능하다. '이제부터 ○○이 온다'는 말은 당사자를 찾을 수 없다면 하지 않는 것이 좋다는 의미이다.

크로스마케팅사가 2020년 9월 실시한 20-69세 4,342명 대상의 조사에서 워케이션에 대해 알고 있는 사람은 70% 이상이었지만, 정작 실제 그렇게 하겠다는 사람은 20% 정도에 불과한 것으로 나타났다. 원격근무를 하고 있다고 응답한 사람이 40%나 되어 비교적 근무지가 자유로운 사람들을 대상으로 한 조사인데도 말이다. 하지 않겠다는 이유는 '일과 휴가의 조화를 이루기 어렵다'(37%)는 것이었고, 조직에 도입하지 않겠다는 이유는 '생산성 저하', '정보 유출에 대한 우려'가 각각 20% 정도로 나타났다.

이처럼 워케이션은 보편적인 것이 아니다. 이런 상황에서 전국의 지역이 어디나 할 것 없이 워케이션 천지가 되면 공급 과다로 가격경쟁이 심화하여 모두 망해버릴 것이다.

벤치마킹이 낳은 무덤들

지역에 가보면 50년 이상 진행한 성공 사례 전파 때문에 이제는 짐이 되어버린 시설이나 사업이 많다. 무책임한 의사결정권자는 "우리 지역은 그런 상태가 아니다"라며 실패를 인정하지 않지만 그것은 큰 착각이다. 앞서 말한 것처럼 전국 각지에서 일제히 베끼기 단계에 돌입했기 때문에 실패는 필연적인 것이 되었다. 공업단지, 리조트 개발 등이 전형적 사례이다.

공업단지는 초기에 태평양 벨트에서 떨어진 입지에 있는 일부 지자체가 공장부지가 부족한 기업 공장을 유치하여 성공한 사례였다. 이를 기초로 '공장 분산이 지역활성화 대안'이라며 1950년대 후반부터 공장 3법*등이 제정되었고 수도권 공장 규제, 지역으로 공장 이전에 거액의 국비가 투입되었다.

아직 주요 거점이 한정되지 않았을 때는 좋았지만 이것이 점차 전국에 확산하면서 공장 지역 이전 수요를 웃도는 공업단지가 무차별

---

*공장3법은 「수도권 기성 시가지에 있어서 공장 등의 제한에 관한 법률」(1959년 제정)과 「긴키권의 기성 도시구역에 있어서 공장 등의 제한에 관한 법률」(1964년 제정)을 합쳐 「공장 등 제한법」으로 총칭한 모두를 의미한다. 이 법률은 도시에 제한구역을 설정하여 구역 내 인구와 산업의 과도한 집중을 막는 것이 목적이다. 2002년 7월에 폐지되었다. (역주)

적으로 조성되었고, 그러는 와중에 공장은 현지 생산체제로 옮겨 해외이전 해버리고, 판매처가 없어진 공장단지는 지금도 많이 남아 있는 실정이다. 지금도 하네다공항에서 모노레일을 타면 '전기료 5년 무료, 고정자산세 감세'라는 전국 각지의 공업단지 유치 광고가 보이는 것이 현실이다.

2000년 전후부터 증가한 지역의 아웃렛 몰은 팔고 남은 공업단지 용지에 세워진 것도 있다. 2011년 동일본대지진 이후부터는 국가의 전력 매매제도를 목적으로 태양광 발전 거점으로 전용된 곳도 많다.

지역 리조트 개발도 이와 유사하다. 「리조트 개발법」*이 제정되었을 때 일부 도시에서만 모델로 추진하려고 했지만 국회의원들이 "왜 우리 지역은 안 되나"라고 말해 어디나 할 것 없이 리조트 개발을 추진하여 전부 망해버리고 말았다. 이미 두세 차례 부도로 민간에 매각되어 정비비 등 일체를 돌려받지 못하는 지경에 이른 곳이 많다. 또한 전국 각지에 거점을 지정하여 리조트를 양산한 결과, 국제경쟁력조차 빼앗긴 일도 있다. 공장의 지역 이전, 공업단지 정비도 전형적 패턴이다.

이러한 현실에 대해 참의원 제3특별조사실이 『전후 일본의 인구이동과 경제성장』이라는 보고서를 발표하였다.* 이 보고서는 일본 전

---

*'리조트개발법'의 정식 명칭은 「총합보양지역정비법」(1987년)이다. 이 법은 여유로운 국민 생활 실현과 지역 부흥을 위해 리조트 개발 계획에 대해 민간사업자의 감세, 지자체 시책 허가 등을 내용으로 한다. 지정구역 대부분에 국립공원, 각종 보호림, 우량한 농지 등이 포함되어 있어 자연보호운동 확산에 영향을 미쳤으며, 이 법에 따라 사업화된 시설 2,000여 곳 대부분은 버블 경제 붕괴로 인해 적자 경영에 빠져버렸다. (역주)

후 고도경제성장의 끝은 오일쇼크뿐만 아니라 지역에서 태평양 벨트로의 인구이동, 농업 부문에서 높은 생산성을 가진 공업 부문으로 젊은 노동력을 공급하는 구조가 지역으로의 공장 분산에 의해 종결됐기 때문이라고 밝히고 있다.

지역으로 강제적인 공장 분산, 공공사업 전개가 일본 전후 경제성장을 끝냈다는 내용도 있다. 그렇게까지 했지만 조성 경비 회수도 못 할 정도로 전국에 용지 공급을 해버려 공장이 결과적으로 국내 지역에서 해외에 가버렸다는 웃을 수만도 없는 일이 벌어진 것이다.

매번 이렇게 수단과 돈을 뿌리고 전국 각지에서 일제히 베끼며 시장 붕괴를 반복하고 있다. 의사결정권자는 적당히 표절하지 말고 스스로 기획할 줄 아는 팀을 양성하는 데 주력해야 한다. 정부도 성공 사례 확산이라는 환상에서 빨리 탈출해야 한다.

＊経済のプリズム No. 54(2008.05) https://www.sangiin.go.jp/japanese/annai/chousa/keizai_prism/backnumber/h20pdf/20085420.pdf (역주)

3. 여성이 지역을 탈출하는 이유는 뛰쳐나간 여성밖에 모른다

지역 민간기업 의사결정권자의 가장 큰 문제는 "젊어서 고생은 사서도 한다"라는 환상에 여전히 빠져 있다는 것이다. 젊어서 고생하면 나이 들어 보상받을 수 있다는 식의 사고방식은 그런 일이 확실히 일어났던 시대에는 맞는 말이었을지 모르지만 요즘에는 젊어서 잘못된 고생을 하면 인생 경력을 돌이킬 수 없게 되어버린다. 요즘 청년들은 바보가 아니다. 경력 형성에 관해 깊이 고민한다.

그런데 "젊으니까 고생하는 것은 당연하다" 따위의 사고방식을 가진 대표가 있다면 그런 회사에 직원이 되고 싶은 사람은 없다. 지역 활성화 분야에서는 "하고 싶지 않다"라는 사람이 많아서 인력이 부족한 상황이다. 이럴 때는 오히려 필요한 쪽이 일하는 사람들에게 적응하려고 노력해야 한다.

여기에 '여성'이라는 요소가 더해지면 상황은 더욱 심각해진다. 지금도 '여성은 시집오면 그냥 쓸 수 있는 정도이다'는 식으로 고루하게 생각하는 사람이 있고, 여성이 고등교육을 받을 필요가 있는가에 관해 언급하는 지역 정치가를 만나고는 한다. 정부 위원회에서도 지역 중소기업 대표들이 "요즘 젊은 놈들은 인내심이 없어서 바로 때려치운다", "그러게 말이야"라며 지긋지긋한 말을 아무렇지도 않게 하는 것을 몇 번이고 보았다. 이런 상황이니 청년과 여성이 지역에서 사라지는 것도 당연하다.

외부에서 이주자를 부르기 전에 해결해야 할 것은 지역에서 도망치는 사람들의 의견을 듣고 소위 잘난 사람들부터 태도와 사상을 바꿔야 한다. 자신들이 변해야 한다는 것이 문제의 본질이다.

왜 지역의 여성은 수도권으로 향하는가

실제로 지역소멸에서 말한 가임기 여성이 지역에서 사라져버리는 구조는 지금도 진행되고 있다. 닛세이 기초연구소에 의하면 2019년 20-24세 계층에서는 여성을 중심으로 도쿄로의 전입이 해마다 증가하였는데, 전입 초월 규모도 여성(30,667명)이 남성(25,216명)을 크게 상회하고 있다. 20-24세 여성 전입이 도쿄로의 전입 초과 수 증가의 핵심이 되는 것이다.

그러던 중 내각부는 2020년 여성 사회참여에 관한 전문가 회의를 열어 5년에 한 번씩 '남녀공동참여기본계획'을 수립하겠다고 논의했다. 이 논의 과정에서 지역에서 도시로 젊은 여성이 유출되는 것에 관해 성차별 편견을 지적하며 지자체, 지역사회, 기업이 연대하여 여성이 일하기 좋은 환경을 조성하자고 제안했다.

이 제안에서는 지역 인구감소가 진행되는 요인으로서 젊은 여성의 도시 이동의 이유는 '기업 경영자 등의 이해 부족, 보람을 느낄 수 없는 환경'이라고 분석했다. 여성과 청년을 지역에 정착시키기 위해 지역기업에 지원하는 지자체의 정책에 국가가 교부금을 지원해야 한다고 제언하고 있다. 젊은 여성이 도시로 가는 이유는 '지역에 성차별 편견이 뿌리 깊게 존재하고 있다'는 것이다.

'응? 인제 와서 뭐라고?'라는 느낌도 부정할 수 없지만 이제야 겨우 지역의 여성에 대한 편견을 문제라고 밝히고 있는 것이다.

글로벌 도시부동산연구소 조사에서 도쿄로 상경한 여성들에게 그 원인을 들어본 일이 있다. 가장 큰 이유 중 하나는 '치안 문제'이다. 그리고 도시에 저렴한 임대주택이 많기 때문이다. 지역에서는 혼자 살 수 있는 주택이 부족하므로 결과적으로 집세가 비싸지는 것이다.

이처럼 젊은 여성이 지역을 떠나 도쿄로 향하는 이유는 '도쿄가 매력적'이어서가 아니라 '지역사회가 여성에게 폐쇄적이고 성장 기회가 적기 때문'이다. 또한 '지역은 치안이 좋지 않고 무섭다', '원하는 거주 시설이 없기 때문'이다. 남자인 나는 볼 수 없는 '지역의 문제'를 느껴 도시로 가는 것이다.

여성이 원하는 일을 만드는 것이야말로 민간 의사결정권자의 과제

그러면 지역사회의 실태는 어떠한가. 청년들이 지역에서 좀 더 일해주기를 바라며, 그들을 채용하고 싶은 경영자는 있는데 왜 잘되지 않는 걸까.

후쿠오카시는 규슈 전 지역에서 젊은 여성을 모집하고 있다. 규슈 지역은 전문학교, 대학 등 교육기관이 집적해 있고 서비스산업이 발달한 곳이다. 즉 업종과 직종이 매우 중요한 테마이다. 그런데 거기에 '회사의 방침에 당연히 맞추어야 한다'는 식으로 접근하면 채용이 잘될 리 없다. 지역에 취직하고 싶은 곳이 없어서 도시로 이동해버린다. 고용인에게 최적화된 채용 조건을 갖춘 도시로 사람이 몰리는 것이다.

이 점에 착안하여 성과를 올리고 있는 것이 미야자키현 니치난시(日南市) 마케팅 전문가 다지카 도모아키(田鹿 倫基)가 착안한 시스템이다.

그들은 왜 지역을 떠나 후쿠오카와 도쿄와 같은 대도시에서 일하고 싶어 할까. 그 원인을 찾기 위해서 취직하는 젊은 여성과 채용 기업 모두를 조사한 결과, 매우 간단한 이유를 알게 되었다고 한다.

요약하자면 기획과 사무직에서 일하고 싶은 젊은 여성이 많은데 지역기업에서는 모집하지 않았기 때문이다. 채용 기업이 여성 희망에 맞추어 사업 체제를 바꾸고자 하는 발상을 처음부터 하지 않았기 때문에 오랜 기간에 걸쳐 미스매칭이 반복된 것이다.

이런 결과를 전달해도 1인 중심으로 돌아가는 지역기업의 경영자들은 좀처럼 변하지 않는다. 그래서 다지카 팀은 아브라쓰(油津) 상점가 빈 점포에 네트워크 미디어 기업 위성사무실을 유치하여 사무직을 채용했다. 넓게 사무실과 각자 쓸 수 있는 PC를 제공하여 자유롭게 일하는 시스템을 만들고, 유니폼이 아닌 사복을 입고 원격근무도 할 수 있으며, 근처에 어린이집까지 있어 여성 취업이 늘었다고 한다.

취직 희망자가 쇄도하여 다음 해에는 지역의 고졸 여성들이 취직하고 싶은 시내 기업 2위에 오르기도 했다. 그런 변화를 보고 지역기업 경영자들도 놀라 자신들의 회사 개혁에 착수했다고 한다.

이런 방법은 일종의 충격요법이지만 논리보다 증거라고 볼 수 있다. 실체를 보면 지역기업도 변화를 도모하게 마련이다. 이처럼 고용인 숫자로 경쟁하는 것에 머물 것이 아니라 경영 개혁을 촉진하는 수단과 위치를 확립하면 기업과 지역의 가치도 변할 수 있다.

경영자가 변해야 지역도 변한다

니치난시 사례에서 알 수 있는 것처럼 '지역에 일이 없다'는 이유로 도시로 가버리는 건 그렇게 단순한 현상이 아니다. 지역기업이 사람을 구해도 내용과 조건이 맞지 않기 때문이다. 이러한 현상은 일본에서 경제성장률이 높은 중부권에서도 마찬가지다.

아이치현 도요하시시(豊橋市)는 서쪽으로 나고야, 동쪽으로 하마마쓰 중간에 있다. 공업 분야를 시작으로 여러 산업이 집적된 도시이다. 그러나 20-24세 여성 200명 정도가 매년 수도권으로 간다. 나이를 15-29세까지 확대하면 매년 400명 가까이 유출되는 완전한 '남성 지역'이다.

그런데 시에 본점이 있는 누룩회사 코우지야 산자에몽(糀屋 三左衛門)은 무로마치 시대*에 창립한 역사를 가진 전통 기업이면서도 채

---

*무로마치(室町) 시대는 1336-1573년까지이다. (역주)

용 방법을 크게 바꾸어 인기를 끌고 있다.

원래 경영사무직을 모집하였지만 응모자가 아무도 없어서 업무 내용을 수정하여 재공모했다. 실제 업무 내용은 고객 응대, 홍보물 작성, 인터넷 쇼핑 등 마케팅 기획이었다. 세계에서 주목받는 일본 유수 누룩 메이커인 이 회사는 해외 문의가 많아서 국제 업무도 해야 한다. 세계에서 가장 예약하기 힘든 레스토랑으로 유명한 코펜하겐 노마에서 직접 발효에 관해 문의할 정도로 국제적으로 유명한 회사이다.

이런 회사에서 새로운 누룩을 사용한 식품 소매사업 확충을 위해 브랜드 매니지먼트 서포트직을 모집한 것인데 원래 직무명만 표기했던 것을 바꿔서 상세하게 업무 내용까지 표기했더니 응모자가 늘었고, 그중에는 대도시에서 응모한 사람도 있었다. 또한 2020년 말에는 관련 회사에서 새로운 브랜드 매니지먼트 관리직을 모집했더니 20-30대의 좋은 경력을 갖춘 여성들이 20명 이상 몰려드는 사태까지 일어났다.

이처럼 응모자들은 경영자가 채용 시 직무와 업무 내용을 자세히 설명해야 한다고 요구하는 것이다. 그렇게 하면 지역기업 채용 실적도 크게 오르고 인재가 모이면 당연히 기업도 성장한다. 단순히 고용인 숫자만 늘리는 것이 능사가 아니라는 의미이다.

4. 청년을 도망치게 하는 노동착취 일터

업무 내용이나 노동환경을 바꾸어 경력 여성도 일할 수 있게 하는 것은 지역에서는 매우 큰 변화이다. 그런데도 이제까지 해왔던 업무 환경을 변화하지 않고 악덕 노동착취를 당연한 것으로 여기며 지속하는 경영자들이 여전히 존재한다. 대표적인 것이 외국인 기능실습 제도이다.

노동 형태를 바꿔야 한다는 시그널

지역에 일할 사람이 없다는 말이 자주 들리지만 메이지 시대 이후는 인구폭발 시기로서 사람이 남아돌 지경이었다. 입을 줄여야 한다는 말이 있을 정도로 식량마저 부족했다. 당시에는 악덕 노동착취를 해도 무조건 "일하겠습니다"라는 사람이 많았다.

그러나 시대는 변했다.

2010년 국립사회보장·인구문제연구소 국세조사(총인구조사)에 의하면 약 8,100만 명이던 생산연령인구는 2030년 1,400만 명 감소하여 약 6,700만 명이 된다고 한다. 한편 같은 시기의 총인구는 약 1,200만 명 감소하여 총인구 감소 속도보다 생산연령인구 감소가 빠를 것으로 나타나고 있다. 즉 일하는 사람은 부족해질 것이고 옛날처럼 말도 안 되는 조건에서도 일하겠다는 사람들은 찾기 어려울 것이다. 즉 민간 경영자들은 고용환경을 변화시키지 않으면 안 되는 상황이 올 것이다.

지역의 '일손 부족'은 인구감소뿐 아니라 명확한 다른 원인이 있다. 지역에서 기본적으로 '저임금·장시간 노동'을 원하며 구조적으로 혈연·지연에 기반하니 '여성과 아이들은 당연히 무임금 노동을 해야 한다'고 여기기 때문이다.

이렇게 일손은 부족한데 경영자들은 업무 절차 개선이나 설비투자 없이 예전 방식대로 비효율적이고 과도한 노동을 요구하니 지역을 쇠퇴시키는 부담의 악순환이 발생하는 것이다.

존재하지도 않는 모순된 조건을 버리자

악덕 노동을 기본값으로 생각하는 경영자들은 "좋은 놈이 없다"라며 앞뒤 안 맞는 말만 반복한다.

1. 좋은 인재가 필요하지만 월급은 많이 주기 싫다.
2. 종신고용은 담보할 수 없지만 회사에 충성해야 한다.
3. 전력을 다해 일하기를 바라지만 교육투자는 하기 싫다.
4. 적극적 인재를 원하지만 내게는 순종해야 한다.

이는 '좋은 놈'의 조건이 아니라 '나와의 관계가 좋은 놈'이라는 것을 의미할 뿐이다. 이런 모순된 조건의 인재는 아무리 기다려도 세상에 존재하지도 않는다.

우선 1은 좋은 인재를 원한다면 권한과 보수를 당연히 부여하여야 한다.

2는 예전에는 종신고용이라는 안정성을 제공할 수 있었기 때문에 당연한 말이었을지 모르지만 지금처럼 고용불안 사회에서 충실하게 일하는 것까지 바라는 것은 어려운 상황이다.

3은 전력을 다해 일하길 원한다면 보다 우수한 기술과 경험을 쌓는 사원 연수 등에 투자해야 한다. 그런 문제는 개인이 알아서 해결하라고 말하는 것은 부당하다.

4는 "앞으로는 혁신해야 한다! 획기적 발상으로 행동하는 적극적 인재를 원한다"라는 허울 좋은 이상을 펼쳐놓으면서 아무것도 안 한 채 "내게 반대하는 사람은 안 된다"라는 식의 사고방식이다.

이러면 지역이 좋은 방향으로 발전하기 어렵다. 스스로 이런 모순된 조건을 버릴 수 없다면 의사결정의 자리에서 내려오는 것이 경영자로서 할 수 있는 가장 큰 지역공헌일 것이다.

외국인 연수제도는 변화를 미룬다

그런데도 집요하게 무리한 조건으로 사람을 모으려는 노력은 결국 외국인 노동자에게로 향한다. 그중 하나가 최근 큰 문제가 되는 외국인 기능실습제도이다.

2014년 도쿄 입국관리국으로부터 외국인 농업기능실습생 접수 정지 처분을 받아 일부 협동조합이 해산까지 하게 된 나가노현 가와 카미촌(川上村) 사례로 세간이 떠들썩했다. 연봉 1,000만 엔 이상의 농업 세대가 있는 풍요로운 농업 마을로 전국적으로 주목받는 마을이었지만, 외국인 실습생에게 가혹하게 장시간 노동을 시킨 조합사업 실태가 밝혀진 것이다. 그 뒤 조합은 해산되었다.

이 마을에서는 인구감소가 이어져 외국인을 제외한 고령화율이 30%에 이르고 쇠퇴가 이어졌다. 5,000명 정도의 마을 인구 중 850명, 즉 주민 20% 정도가 외국인 실습생이었다.[*] 외국인 실습생이 없으면 마을 자체가 존재하지 않는다고 해도 과언이 아닌 상태였다.

물론 이 마을뿐만 아니라 전국에 약 16만 명 이상의 외국인 실습생이 있다. 출신국도 다양한데 가장 많은 수를 차지했던 중국이 감소하면서 베트남·필리핀·인도네시아인들이 늘고 있다.

또한 2015년에는 실습생 중 행방불명이 3,139명에 달하고 있다.[**] 수지맞는 일손 찾기가 일본인에서 중국인으로 넘어가고 다음에 다른 나라 청년들에게도 향한다면 정말 큰 문제다. 개발도상국 인재 육성 목적도 있다고 하지만 그러한 지역에 밝은 미래가 있다고 생각하기는 어렵다.

지역 노동착취 농가나 그 당사자들을 고발하려는 것이 아니다. 행정이 움직이며 민간과 연대하는 니치난시나 도요하시시의 선진적 민간기업처럼 실제로 사례가 만들어져 변화에 대응하는 움직임이 형성

---

[*] 가와카미촌 2015년 자료.
[**] 공익재단법인 국제연수협력기구 2014년 자료.

마을 만들기 환상

되어야 한다. 빈곤을 누군가 대신 해결해준다는 발상에서 벗어날 필요가 있다.

과거의 상식과 전통을 바꾸는 새로운 고부가가치 비즈니스, 생산성 높은 일자리 방식을 도입해야 지역에 건전한 형태로 새로운 인재들이 모일 것이고 그들이 지역 문제 해결을 시작할 수 있는 계기를 만들 수 있다.

상근에 집착하지 않는 유연한 근무 형태가 지역의 기회

'취직하면 뼈를 묻을 각오로 일하겠다'는 옛말과 달리 지금은 이직이 필수인 시대다. 그런데 아직도 경직적인 고용 형태에 집착하는 곳이 많다. 한편, 수도권 기업에서도 투잡(two job) 허용이 증가하고 원격근무도 적극적으로 추진되고 있다. 이는 지역에 큰 기회이다.

아타미시(熱海市)의 지역기업은 몇 년 전부터 전국에 부업 인재*를 모집해 큰 성과를 올리고 있다. 지역기업 아타미가스는 자사 쇼룸을 요리 공간으로 개방했지만 이용률이 낮아서 고민이었다. 그래서 도쿄의 네트워크 기업을 부업으로 채용하여 온라인 예약 시스템을 만들었더니 지역의 육아세대 여성들이 활발히 이용하였다.

또한 호텔과 부동산 운용으로 고민하던 기업 등 여러 지역기업이

---

*우리나라에서는 '부업 인재'라는 말을 잘 쓰지 않는다. 대략 유사 개념으로는 N잡러(N개의 직업을 가진 사람), 사이드잡 프리랜서를 들 수 있다. (역주)

부업 인재를 초빙하여 신규 고객과 신규 사업에 성공하고 있다. 이제는 부업 인력 채용 전용 웹사이트 서큘레이션 라이프(Circulation Life)*를 통해 정기적으로 인재를 모집하기도 한다. 아타미는 입지가 매우 좋아서 원격근무를 기본으로 하면서 신칸센을 타면 단시간에 도쿄에 갈 수 있고 온천이 있어 맘 편히 휴식할 수도 있는 곳이다.

이러한 부업 인재 모집 방식에서 내가 놀란 부분은 두 가지이다.

하나는 지역기업이라도 제대로 모집하면 훌륭한 인재가 온다는 것이다. 이것은 지역기업 쪽에서 지금까지 본 적도 없는 훌륭한 이력의 사람이 응모했다며 흥분하면서 내게 말해준 사실이다. 인사 담당자는 지원자 모두를 채용하여 함께 프로젝트를 해보고 싶을 정도라고 말했다.

또 하나는 외부 인재와 기존 사원의 매칭이 잘된다는 점이다. 처음에는 알력이 생길까 봐 우려했지만 그런 일은 없었고 오히려 사원들이 이제까지 추진하지 못했던 프로젝트와 서비스를 추진할 수 있게 되어 좋은 자극을 받았다고 한다.

여기에서 인상적인 것은 지역기업 의사결정권자의 유연한 태도이다. 부업 인재라는 존재는 새로운 계층이기 때문에 사내에서 위치 정립도 고민일 것이다. 그러나 적극적으로 변화를 만들어내고 이제까지 할 수 없었던 것에 즐겁게 도전한 것이다. 이렇듯 변화하는 지역의 의사결정권자는 민관 구분 없이 미래를 고민하는 사람임이 틀림없다.

＊https://circulationlife.jp (역주)

5. 미래에 절망하는 어두운 의사결정권자는 어서 밝은 청년들에게 자리를 물려주자

마지막으로 제시할 수 있는 지역의 의사결정권자 문제는 지역 미래에 대해서 매우 비관적인 사람이 많다는 것이다. 그들의 발표를 들어보면 언제나 "우리는 이런 이유로 쇠퇴하고 있고…"라며 부정적인 말만 주저리주저리 내뱉는다.

대부분 '우리 지역은 어려운 상황에 있다'는 것에 대해 정작 자신들의 책임을 묻지 않는 채 설명하고 있다. "우리 지역은 특별히 어려운 상황에 부닥쳐 있으므로 이런 결과가 나온 것도 무리가 아니다. 우리의 일상은 크게 문제가 없지만 지역 자체가 어려운 상황이니 이렇게 비참한 결과가 나왔다 해도 어찌할 수 없다. 그러니 좀 도와주세요"라고 말하고 싶은 것 같다.

조금만 방심하면 5분 발표 시간 내내 부정적인 말만 하면서 시간을 넘기기 일쑤다. 발표 주제 자체가 "우리 지역은 이미 끝났다"인가라는 생각까지 들 지경이다. 지역 내에서는 그런 발표를 듣고도 누군가는 수긍할지 모르겠지만 전혀 관계없는 지역 밖의 사람들이 듣고 "큰일이네요, 도와 드리겠습니다"라고 말할 리 없다.

나도 10대 시절에 회사를 세워서 처음 추진한 지역사업이 잘되지 않았을 때 "뭔가 해봐야 하지만 상황이 여의치 않아서…"라는 식의 말을 하며 호소했는데 아무도 도와주지 않았던 경험이 있다. 오히려 "저 지역의 프로젝트는 잘 안 되고 있나 보다. 관여하는 것을 그만둬야겠다"라는 반응이 대다수였다. 이긴 말에는 올라타고 싶지만 진 개는 되고 싶지 않은 것이다.

이렇듯 부정적인 발표는 결코 지역에 도움이 되지 않는다. 모두가 "큰일이네"라며 서로의 상처를 보듬는 것 정도로는 아무것도 바뀌지 않는다.

지역 리더가 가져야 할 것은 '꿈'

지역의 리더는 꿈이 있어야 한다. 나는 무엇을 하고 싶고 지역을 어떻게 바꾸고 싶은가부터 말을 시작해야 한다. 밝은 미래에 관해 말하는 사람이 일을 주도해야 한다.

이것은 매우 간단할 것 같지만 극도로 어려운 일이다. 평소에 꿈과 비즈니스를 생각하지 않는다면 갑자기 말할 수 없기 때문이다. 게다가 보통 사람들은 지금 존재하지 않는 것을 많은 사람 앞에서 이야기하는 것은 위험하다고 생각하니 더더욱 그런 식으로 말하지 않는다. 말을 하지 않다 보니 그런 생각조차 사라지는 경우가 다반사다.

그러나 생각해보면 사업 가능성이란 불확실한 미지의 것이니 처음에는 비전에 공감한다는 것만으로도 큰 힘이 될 수 있다. 그런 밝은 비전으로 사람을 모으고 자원을 동원할 수 있고, 그렇게 하면서 처음에는 무모해 보였던 프로젝트가 점점 형태를 갖춰갈 수 있다.

따라서 우리 지역이 얼마나 복이 없는지 한탄하며 네거티브 선동하는 자들은 인제 그만 착실하게 꿈을 이야기하는 청년들에게 자리를 넘겨주었으면 좋겠다. 그나마 10대와 20대는 미래 비전이 있는 훌륭한 사람이 많이 있기 때문이다.

PFP연구소가 '후쿠오카시가 지역 최강 도시가 된 이유'를 분석한 조사에 의하면 예전에 패배자로 불린 후쿠오카시에서 고군분투하며 애쓴 선조들은 모두 힘든 시대에도 항상 미래를 향했다고 한다. 암울한 태도가 아니라 밝은 태도를 지녔던 것이다.

앞으로 이렇게 저렇게 해보자는 비전을 만들고 동료를 모으고 자금을 늘려 성장해 나가는 수십 년의 노력으로 지역발전을 이룬 것이다. 이것이야말로 '미래 만들기'다. 물론 밝은 기성세대가 있다면 세대 간 연결도 이루어질 수 있으니 금상첨화이다.

미래지향적 리더가 적극적으로
자리를 물려주는 지역에 미래가 있다

환상에 사로잡힌 지역이 아직 많지만 현재 리더가 스스로 다음 리더에게 자리를 물려주며 발전을 이어가는 지역도 있다.

2011년 동일본대지진으로 큰 피해를 본 미야기현 오나가와정(女川町)이 그러하다. 나는 대지진이 일어나기 전에 이 마을 상공회 청년부 기획업무 담당인 아베 요시히데(安部 嘉英)의 요청으로 강연한 적이 있어서 대지진이 일어났을 때 몹시 걱정했었다.

지진 피해의 혼란 속에서 오나가와부흥연락협의회는 '환갑 이상의 사람들은 부흥사업에 관해 입을 다문다. 미래 세대에게 지역의 여러 역할을 넘겨주고 필요 자금을 모으거나 그들이 비판받을 때 방패막이 역할을 한다'는 원칙을 제시했다. 그렇게 상공회를 포함한 실행 인력을 전원 젊게 바꾸어 같은 해 가을에 진행된 정장 선거에서 39세 스다 요시아키(須田 善昭)가 당선되었다. 민관이 함께 젊게 바뀌어 지진 피해 복구를 위해 노력한 것이다.

나는 피해 후에 방문한 상공회 사무소에서 정말 전원이 젊은 층으로 교체된 것을 보고 깜짝 놀랐다. 부흥 계획 초기에 컨설팅 업체가 큰 계획을 제시했지만 민관이 함께 계획 규모를 현실적이고 단계적으로 축소하였다. 또한 우리 팀이 개최한 부흥마을만들기 푸드캠프 프로그램에 참여하여 서로 협력하면서 민간의 책임 있는 리더를 중심으로 '홋코 마을 만들기 회사'를 만들어 계획·개발·운영을 이어가고 있다.

대지진 전에 청년부에서 활동하면서 마을 부흥을 위해 노력하던 아베 요시히데는 '홋코 마을 만들기 회사'의 대표 사원이 되었다. 대지진으로 피해를 본 곳 중에는 지역의 고령 의사결정권자가 주도권 싸움을 하면서 말도 안 되는 사업을 추진해버린 일도 있지만 오나가와정은 오나가와부흥연락협의회가 인사를 대폭 조정하면서 시작한 것이 특효가 있었다.

오나가와정 사례를 보아도 위기를 극복하려고 노력하는 과정에서 지역 의사결정권자가 20년, 30년 뒤에 살아 있지 않을 우리가 의사결정을 하면 안 된다며 다음 세대에게 자리를 물려주고 그들을 지원하는 태도로 돌아서는 것은 마을 만들기에 있어서 매우 중요하다.

홋카이도 아사히가와 교외의 도마정(当麻町)은 경매에서 수박 1개에 75만 엔 가격이 형성되기도 하는 고부가가치 '덴스케 수박' 산지로 유명하다. 또한 이곳은 민간 경영자들의 힘이 매우 강한 곳이기도 하다.

도마정사무소는 현 정장이 퇴임할 때 지역 진흥을 담당하던 젊은 40대 직원 무라쓰바키 데쓰로(村椿 哲朗)를 후임으로 지명하였는데 지명 후에도 주위에 지지를 호소하여 멋지게 선거에서 당선시킨 바 있다. 이렇게까지 한 이유는 그가 고향납세* 기획을 강력히 추진하여 도마정이 전국적으로 유명해질 정도로 좋은 실적을 남겼기 때문이다.

도마정의 역대 정장은 대부분 민간 출신이며 정사무소 출신이 정장이 된 것은 두 번째라고 한다. 실적 있는 직원을 평가하여 더욱 활발한 마을로 만들겠다고 결정한 것 자체가 매우 놀라운 일이다. 결과적으로 이 마을에는 세계 최고의 다운 자켓을 한정 수량으로 생산하여 판매하는 점포 등 새로운 움직임이 속속 나타나고 있다.

이처럼 차세대에 적극적으로 자리를 물려주고 그들을 지원하며 미래를 향해 움직이는 지역은 모든 세대가 연결되며 변화를 만들어낼 수 있다. 반면 "우리 지역에는 괜찮은 놈이 없어"라며 계속 원로들이

---

*일본의 '고향납세'는 우리나라에서는 2023년 1월부터 '고향사랑기부제'라는 이름으로 시행될 예정이다. 일본의 시행 사례에 대해서는 黒井克行. 2019.『ふるさと創生: 北海道上士幌町の キセキ』. 木楽舎. (윤정구·조희정 역. 2021.『시골의 진화: 고향납세의 기적, 가미시호로 이야기』. 서울: 더가능연구소) 참조.

움켜쥐고 있는 지역은 점점 청년이 사라지고 결국 몰락하고 만다. 사업과 예산보다 중요한 것은 사람인 것이다. 이 사실만 확실히 할 수 있다면 지역에 어떤 어려움이 있어도 극복할 수 있다.

제3장

지역의 인간관계라는
구렁텅이

지역의 고질적 문제 중 하나는 지역 내 집단이 가진 '환상'이다. 집단에서 노력하는 사람들은 인간관계가 일으키는 여러 다툼과 압력을 큰 족쇄로 여길 때가 많다. '동조 압력(무조건 동의하며 함께해야 한다는 압박)'은 집단 단위에서 만들어진 것이기 때문에 거기에 동조하는 사람들뿐만 아니라 보고도 못 본 체하는 방관자들도 결국 어떤 의미로는 가해자 일원이 되어버린다. 그러므로 항상 '나는 압력에 가담하고 있지 않은가' 하고 주의를 기울여야 하며 때로는 집단의 압력에 굴복하지 않도록 준비할 필요가 있다.

'모두'라는 사람은 존재하지 않는다

의사결정권자는 상층부 숫자 자체가 적기 때문에 문제를 만드는 주체를 파악하기 쉽지만 집단 압력은 여러 사람이 관여하기 때문에 보이지 않는 유령과 같다. 그러나 애초에 '모두'라는 사람은 존재하지 않으며 '모두'라는 것은 결국 개인이 모여 형성된 것이다. 따라서 언제나 마지막에는 '내가 어떻게 생각하고 행동할까'라는 상황에 도달하게 마련이다. 집단 압력에 굴복하여 도전을 멈추고 아무 말도 하지 않지 않은 채 침묵으로 일관하는 것도 소극적 승인이며 압력을 조장하는 것이기에 지역에 도움이 되지 않는다.

조직 책임이라며 책임을 회피할 수 있을지 모르지만 그런다고 개선되는 것은 아무것도 없다. '어떻게 하면 조직을 변화시킬 수 있을까'를 고민한다면 한 사람의 직원이 행정조직 변화에 영향을 미칠 수도 있고, 한 사람의 주민이 지역을 바꿀 수도 있다.

강력한 소수정예팀을 철저히 만들자

집단 압력의 환상 문제에 대한 대응은 '강력한 소수정예팀'을 만들 수 있는가가 핵심이다. 3-5인 정도의 강력한 팀을 조직하여 압력을 가하고 때로는 상대의 힘도 빌리면서 프로젝트를 진행하는 것이 중요하다.

우선 제1단계에는 인재를 '발굴'한다. 각오를 가지고 함께 할 수 있는 동료를 찾아야 한다. 동료의 특성은 다음과 같다.

· 사업 영업력 있는 사람
· 지역 신뢰를 받는 사람
· 섬세하게 팀을 지원할 사람
· 사업 전문성이 있는 사람

각자 능력과 조건이 다르겠지만 적어도 팀 단위로 일하며 위험 요소를 감수하려고 자기 돈까지 쓸 수 있을 정도의 각오는 지니고 있어야 한다. 처음부터 같이하자고 제안해봐야 진짜 마음 있는 사람은 나오지 않는다. 우선 스스로 할 일을 정해 같이하면서 동료가 되어가는 것이다.

인재 발굴 과정에서 절대로 하면 안 되는 것은 단지 '힘이 있을 것 같다'는 이유로 목적도 공유하지 않은 채 잘난 사람과 유명한 사람을 끌어오는 것이다. 단체와 역할을 중심으로 뽑아버리면 단체 대표나 할 뿐 사업에 실질적으로 공헌하기 어렵거니와 결과적으로 사업도 망해버린다.

이론보다 증거, 실천 후에 과제와 마주한다

구성원이 모두 모이면 드디어 구체적인 사업을 진행한다. 작은 사업이라도 처음 한 걸음이 중요하다. 이 단계에서 안이하게 보조금 사업에 손대면 안 된다. 그 후에도 보조금 사업을 어슬렁거릴 수 있고 그렇게 되면 손을 떼는 데도 시간이 오래 걸릴 수 있으므로 초기 단계부터 보조금 획득이 목적이 아니라는 것을 충분히 각인해야 한다.

자신들의 팀으로 싸움에서 이겨야 하니까 자신 있는 사업 분야를 중심으로 이익을 올린다. 프로그램을 만들 자신이 있다면 학교를 세울 수도 있고, 부동산과 건축에 자신 있다면 빈집을 빌려서 사업을 시작할 수도 있다. 직능을 갖추고 있다면 굳이 외주를 맡길 필요가 없는 것이다.

또한 다른 지역 사례에 현혹되지 않는 것도 중요하다. 이는 우리 지역 문제를 방치한 채 강력한 외국인 선수를 불러들이는 것과 같은 행동이다. 스스로 부족한 점을 구체적으로 고민해보고 그 문제를 해결할 사람을 데려와야 한다.

무엇부터 해야 할지 모른다면 그 부분부터 논의를 시작하는 것이 먼저다. 자기가 할 수 있는 일을 찾을 때까지 고민하는 것이 최초의 도전이다.

팀 단위로 작은 문제라도 파악하고 노력하여 해결해나가면 사업을 성장시킬 수 있다. 실제로 해보면서 생각이 정리되고 다음 단계에서 무엇을 해야 할지 조금씩 알게 될 것이다.

팀이 비판을 받기도 하고 사업 위기가 발생하여 무력감에 빠질 수도 있지만 그것을 넘어서면서 단련되고 강해지는 것이다. 비판도 위기도 없다는 것은 아무것도 하지 않았다는 것을 의미한다.

외부 인재를 영입한다면 리스크를
공유할 수 있는 사람을 데려와야 한다

그러면 팀에 외부 인재는 필요 없느냐고 묻는다면 그렇지는 않다. 사업에 필요한 적절한 기능을 가진 사람을 영입할 수 있다. 다만 그것은 지역 모두가 고민에 고민을 거듭하며 소수정예팀으로 한 바퀴 돈 다음에 실행해야 한다. 어떤 프로라도 정답을 갖고 있지는 않다. 대단한 사람들에게 물어보면 '답'을 가르쳐 줄 것이라는 환상을 버려야 한다. 스스로 생각하여 고민한 후에 프로와 함께 논의하여 실천하는 것이 중요하다.

지역사업은 안이한 사고를 방치하지 말고 스스로 위험 요소를 찾아 직접 해결하는 것이 핵심이다. 세금으로 예산을 짠 무료 연수로는 능력 있는 실무자를 길러낼 수 없고 좋은 파트너를 '발굴'할 수도 없다.

이 장에서는 우선 집단이 형성하는 '환상'을 정리하고, 집단 압력 구조에 관해 설명한다. 그리고 강력한 팀을 중심으로 대응하는 법을 제시한다.

1. 성공한 사람을 수탈자라고
   굳게 믿는 사람들

성공한 사람을 지역에서 시기하는 경우가 있다. 그들에게 하나부터 열까지 뺏겼다는 환상을 갖고 있어서다. 나는 이 분야에서 20년간 일을 하면서 성과를 남긴 마을 만들기 회사의 사장을 많이 봤다. 지역에서 그들을 존경하는 경우도 있었지만 한편으로는 상상 이상의 많은 사람이 시기하는 것도 보았다. 위험 요소를 안고 도전한 사람들이었는데도 지역에서는 달갑지 않게 생각하는 것이다.

그런 사건이 이런저런 일로 미디어에 보도되는 일도 있고 인터넷에서 회자하기도 한다. 그 사람 주변을 모두 파헤쳐 "어젯밤 어디에 있었다, 무엇을 먹었다, 무슨 와인을 주문했다"라며 "그 사람은 거만해"라고 결론지어버리는 경우도 많다. 그 사람이 실패하면 "처음부터 안 될 줄 알았다"라고 말해버리기도 한다.

결국 지역에서 성공한 사람들은 마음 놓고 식사조차 할 수 없게 되어 도쿄라도 가면 "정말 편안하다. 지역에서 밥이라도 먹으려면 부자니까 바가지 씌우는 것처럼 이해할 수 없는 계산서가 나온다. 비싼 와인을 마시기라도 하면 이 정도의 돈을 내는 것은 수상해, 아마도 탈세하나 봐 따위의 소리를 듣는다"라고 말하게 된다.

모처럼 지역에서 성공한 사람이 탄생했지만 지역에서 마음껏 소비하지도 못하고 도쿄와 해외에서 돈을 써버리고 만다. 지역에는 아무것도 좋은 일이 없게 되어버린다. 지역에서 버는 사람이 그곳에서 돈을 써야 내수가 커질 수 있는데 그 싹조차 꺾어버리면 지역 소비는 누가 할 것인가.

지역에서 서로 비난하며 망가뜨릴 때 기뻐하는 것은 결국 그 지역 밖의 사람들이다. 서로 찌부러트리기를 하는 한 새로운 도전자는 그 지역이 아닌 다른 지역으로 가버리고 그곳에서 성공할 것이다.

지역에 착실한 사업자가 없어지면 지역 밖에서 상품과 서비스를 구매하는 지경까지 이를 것이다. 농림수산업이나 상업에서도 지역에서 크게 성공한 사람이 있는 것은 결코 나쁜 일이 아니다. 그런데도 그러한 사람에게 압력을 끼치는 것은 정말로 안타깝다.

이처럼 지역에서 집단 압력이 나타나는 것은 "잘되는 것도 못 되는 것도 모두 함께해야 한다"라는 나쁜 의미의 '줄 세우기 환상' 때문이기도 하다. 발맞추기를 틀리는 것은 절대 허용할 수 없다는 식의 집단 압력이야말로 성공한 사람을 찌그러트리고 다음에 이어지는 도전자조차 배제하여 지역을 쇠퇴에 이르게 한다.

'지역이 쇠퇴하고 있으므로 뭘 해도 실패한다'는 변명을 허망하게 만드는 괘씸한 '성공자'

지역에서 성과를 올리는 사람을 결코 지역 학습회와 같은 모임에 부르지 않는 것도 지역활성화 분야에서는 자주 있는 일이다.

어떤 지역에서 문화·역사가 있는 노포 기업의 제품 리브랜딩으로 성공하고 있는 사장의 이야기를 들어보니 "나는 지역에서 성공했기 때문에 지역 학습회에서 절대 불러주지 않는다"라고 한다.

일본 전역에서 강연 요청을 받고 있고 지역 시장을 속속들이 알고 있는 실업가를 웬일인지 정작 그가 활동하는 지역에서는 부르지 않는 것이다. 지역에서 힘들어하는 사업자들이 공유하는 어떤 환상이 있기 때문이다. 그것은 '인구감소다', '경제가 침체하고 있다'라는 환경요인을 탓하며 '그러므로 무엇을 해도 실패한다'라는 환상이다.

그들은 "무엇을 해도 실패하는 이유는 주변 환경 때문이며 내 책임이 아니다"라고 말한다. 그렇게 말하며 행정으로부터 보조금을 받을 기대를 하는 민간조직과 행정은 거기에 맞춰 보조금을 내주는 것이 일이라는 행정조직 상호 간의 집단적 결탁 구조가 있기 때문이다.

그러나 그런 지역에서도 성과를 내는 사람은 반드시 있다. 그런데 그런 사람을 돈만 버는 사람으로 취급하며 괘씸히 여긴다. 지역 환경 때문에 고생하고 있다는 핑계로 겨우 살고 있는데 누군가가 성공하면 그 핑계가 부질없는 변명이 되어버리기 때문이다.

특히 보조금에 의존하는 업계 단체, 매년 지역 예산으로 활동하는 지역단체 등은 큰 성과를 올리는 사람들에게 민감하게 반응한다. 지원 근거가 없어질지도 모른다는 불안과 자신들의 예산이 그들에게 갈지도 모른다는 불안 나아가 지역의 각종 위원회 같은 서포터 자리조차 잃어버릴 수 있다는 공포를 느끼고 성공한 사람들을 공격한다. 이렇게 자리싸움만 하는 지역이 잘될 리도 없고, 결과적으로 그 단체의 입지도 약해져 버리고 만다.

어디까지나 민간기업에 의한 투자와
철저한 도전이 중요하다

집단 시기라는 상황을 타개하기 위해서는 의사결정권자가 지역 성공자를 끌어들여 프로젝트를 추진해야 하지만 이건 좀처럼 하기 힘든 일이다.

집단 압력이 발생하는 시역에서는 우선 착실히 투자하여 사업실적을 철저히 쌓아 올리는 것이 중요하다. 민간에서 자금을 조달하여 투자받고 사업하면서 수익을 올리는 식의 시스템을 바꾸지 않고 지속하면 된다. 그것이 멀리 돌아가는 것 같아도 자기다운 방식이다.

성과를 쌓는 중에 일어나는 변화는 두 가지이다. 하나는 팀 외부에서 인정하는 사람이 늘어나는 것이고 또 하나는 지자체 단체장 등 지역 리더가 말을 걸어온다는 것이다. 그러나 이때에도 중요한 것은 지역 전체를 끌어들여 행정예산을 받으면 안 된다. 그렇게 하면 시기하던 사람들과 대립하여 쓸데없는 비용을 지급하게 되기 때문이다.

사업 축적으로 만들어진
민관 연대사업은 강하다

오사카에서 음식점을 하면서 거리 변화를 만들어낸 리타운 (RETOWN)이라는 회사가 있다. 2004년 창업한 마쓰모토 아쓰시 (松本 篤) 사장은 지금은 인기 지역이 된 텐만 등의 가능성을 누구보다 먼저 발견하여 카페, 술집 등 여러 업태를 시작하였고, 그의 동료들도 속속 그곳에 가게를 차려 인기 구역으로 바꾸었다. 즉, 사업을 통해 지역변화를 만든 것이다. 그는 적극적으로 인재를 길러 초밥장인을 육성하는 '요리인 대학'을 운영하는 등 독특한 위치에서 사업을 늘리고 있다.

마쓰모토 팀은 오사카 다이쇼구(大正区) 최북단인 시리나시가와(尻無川)의 수변공간에 복합시설 타구보토 다이쇼(TUGBOAT TAISHO)*를 열었다. 다이쇼구가 소유·관리하는 하천을 20년 점용 허가를 받아 민간자금 조달로 회사가 개발·운영하는 '돈 버는 민관 연대' 시스템을 적용한 것이다. 2020년 문을 연 이곳은 큰 인기를 끄는 장소가 되었다.

타구보토 다이쇼는 마쓰모토 팀이 음식점을 통해 얻은 네트워크와 경영 노하우로 세운 시설이다. 외부 컨설팅을 받았더라면 계획을 세우고 개발을 해도 체인점을 만들고 끝났겠지만 이곳은 다른 방식을 채택했다.

이 시설이 재미있다고 생각하는 이유는 개인 사업주들이 모여 경영하기 때문이다. 그들이 문을 열 수 있도록 임대료와 조건을 분리 발주하면서 예산을 절약하여 매력적인 디자인을 만들고 있다. 게다가 가능한 한 지역기업에 분리발주하고 있다. 앞으로도 호텔과 갤러리, 마리나 등을 단계적으로 개발할 예정이라 하니 더욱 기대된다.

＊https://tugboat-taisho.jp (역주)

다이쇼구 측도 훌륭한 결정을 했다. 당시 쓰지하라(筋原) 구장(区長) 등의 리더가 하천 활용을 추진하는 사회실험을 강력하게 추진했다. 당시에는 리타운이 아닌 다른 회사가 활용실험을 하고 있었지만 최종적으로 오사카에서 음식 사업을 통해 성공하였으며 마을 만들기 관점도 가진 리타운으로 결정되었다. 구 공무원들은 우리 팀이 진행하는 도시경영 프로페셔널 스쿨에도 참가하여 민간투자와 지역 발전에 관해 배우고 그것을 실천했다. 행정에서도 적극적인 인재가 참여했기 때문에 적절한 민관 연대가 이루어진 것이다.

마쓰모토 팀은 철저한 민간 주도 자세를 흩트리지 않고 시중은행에서 자금을 조달했다. 공공용지에서 진행한 사업이지만 다른 곳에서 한 적 없는 방법이었기 때문에 쓸데없는 집단 압력으로 무너지지 않았다는 것도 성공 원인이다. 장소 고유성도 차분히 배려하여 지역에 뿌리내린 가게가 들어올 수 있도록 분리발주를 함으로써 건축비도 줄일 수 있었다. 영합하지 않고 지역과 건설적인 관계를 구축하여 합리적 사업 라인을 만들었다는 것이 지역활성화에서는 매우 중요한 요인이다.

마쓰모토처럼 스스로 사업하면서 사업을 통해 거리를 바꾸려는 경영인이야말로 지역에 꼭 필요한 존재이다. 물론 그럴 때는 기존의 민간과 행정 관계가 아니라 민간이 투자하고 사업을 개발한다는 태도를 반드시 관철해야 하며 행정도 좋지 않은 조직 심리상태로 움직이지는 말아야 한다. 새로운 민관 연대 형태가 필요한 것이다.

마을 만들기 환상

2. 모두 힘을 모아 분발하면 성공한다는 덫

지역사업을 집단이 추진할 때 모두 '좋은 사람'이 되어 함께 어떻게 잘 지내보자는 문제가 종종 발생한다. 무조건 실패할 것 같은 일에서조차 "여러분이 좋다면 찬성합니다"라며 조화롭게 다수의 의견을 따르려는 경우가 있다. 물론 무턱대고 싸울 필요는 없지만 그렇게 표면적으로만 합의를 우선하는 프로젝트가 성공할 리 없다.

변변한지 어떤지조차 의논하지 못한다

히로시마현 세라정(世羅町)에 있는 비영리법인 세라 어그리파크*의 누적적자에 관한 논의가 진행되었을 때 지역의원 중 한 사람이 "변변하지 못하니까 팔리지 않는 것 아닌가"라는 취지의 발언을 하자 관계단체가 "부적절한 발언이다", "생산자 의욕을 꺾는다"라는 성명을 발표하고 의회에서는 그 의원에게 사직권고결의가 가결되는 사태까지 간 적이 있다.

먹는 음식과 음료에는 호불호가 있어서 어떤 사람은 '맛없다'고 느끼지만 다른 사람은 '맛있다'고 느낄 수 있다. 솔직히 나도 전국의 현지 와인을 시음할 기회가 많아서 세라 와인도 마셔보았지만 그렇게 제쳐놓고 못 마실 정도의 나쁜 맛은 아니었다.** 그러나 문제는

---

*http://www.serawinery.jp (역주)

그게 아니다.

비영리법인 매출이 생각한 것보다 오르지 않고 적자가 이어져 재고까지 쌓이는 상황이 현실이 된 것이다. 그렇다면 주력 상품 자체에 문제가 있을 가능성을 당연히 검토하여야 한다. 그러나 의견 하나를 제시했다고 "생산자 의욕을 떨어트린다" 등의 반론을 하고 게다가 의원 사직을 권고하려고 의회가 옥신각신하는 것이 바로 지역의 큰 문제이다.

"지역주민이 노력해서 하는 것은 존경받을 일이고 누구라도 비판하면 안 된다"라고 말하는 것은 심정적으로는 이해할 수 있지만, 어쨌든 사업이기 때문에 예상했던 결과가 나오지 않는 것에 대해서는 근본적으로 검토하려는 자세를 갖춰야 한다. 모두 함께 잘해보려고 했지만 결과가 동반되지 않을 수도 있는 것이다.

중요한 것은 사람들끼리 화목하게 잘 지내는 것이 아니라 사업의 문제점을 신중하게 검토하면서 다음 단계 전략을 수립하는 것이다. 그런 노력조차 "무례하다", "바보 취급한다"라며 비난해버리면 더는 논의를 진행하기 어려운 상황이 되어버린다. 그런 상황에 매몰되는 순간에도 다른 지역에서는 더욱 매력적인 상품서비스를 만들어 성장시키고 있다.

히로시마에는 '히로시마 3차 와이너리'라는 착실하게 흑자 행진 중인 또 다른 와이너리가 있다. 히로시마현은 어디에서나 와인을 생

** 세라 어그리파크(SERA agri park)는 세라 유메공원과 세라 와이너리를 운영하고 있다. (역주)

산할 수 있고 와인 투어리즘 같은 관광거점 시설도 있으며 대도시도 있어 소비인구도 충분하다.

상품과 서비스는 매일 고객이 소비하는 것인데 팔리지 않는다는 것은 문제가 있다는 것이다. 고객 대부분은 잘못된 상품이나 서비스를 접하면 문제점을 정확히 짚어주지 않고 그냥 "두 번 다시 안 사"라고만 한다. 그런 준엄한 환경 속에서 문제점 지적조차 들으려 하지 않는다면 개선은 더욱 요원한 일이 될 것이다.

'마시기 힘든 음용 식초'가 제기한 문제들

10년 전에 진행했던 상점가 프로젝트에서도 "모두 힘을 합치자"라며 일을 추진하는 것만 목적으로 하고 성과는 신경 쓰지 않았던 사례가 있다. 모 지자체가 지역 농업 관계자를 모아 컨설턴트를 붙여 신상품 개발을 시도한 사례이다. 그 상점가는 내게 신상품을 모니터하고 판매처를 소개해달라고 요청했다.

당시는 음용 식초 붐이 일던 시기라 현지 과일을 이용해 음용 식초를 만들어 판매해보자는 것이었다. 우리 팀과 관계된 상점가 중에는 까다롭게 다양한 상품을 골라서 함께 판매하는 편집숍도 있어서 그 가게의 협력으로 시험 판매를 할 수 있었다. 그곳을 드나드는 손님들은 매우 깐깐한 성향의 사람들이어서 다양한 피드백이 나왔다. 그러나 그렇게 모인 개선 사항을 생산지에 전달했지만 무엇 하나 개선되지 않았다.

식초의 기본인 산도를 조정해야 마시기 좋은 식초로 만들 수 있는데 전혀 시정되지 않은 것이다. 일부러 산도를 측정해서 데이터를 기반으로 응답한 손님도 있었고, "이러면 위에 구멍이 난다"라는 농담을 쓸 정도로 시다는 반응이 많았다. 그런데도 전혀 개선이 이루어지지 않았다.

너무 황당해서 시음회 때에 "희석하지 않으면 시어서 못 마실 수도 있다"라며 옥신각신하다가 "당신들은 마셔본 적 있나요?"라고 묻자 "없다"라는 매우 황당한 답변을 들었다. 깜짝 놀라 의식이 멍해졌다.

지자체 지역진흥단체가 예산사업을 받아서 지역 농업단체 고령자를 모아 외부에 컨설팅을 준 것이기 때문에 지역주민에게 강하게 말을 할 수 없었다. 지역 농업단체도 보조금을 받고 도쿄에 싸게 놀러 갈 수 있는 정도의 사업이었기 때문에 상품을 신중하게 만드는 것은 안중에도 없었다.

맛없는 와인, 마시기 힘든 식초뿐만 아니라 전국에는 도저히 입에 넣을 수조차 없는 심각한 특산품들이 많다. 이런 상품들은 행정예산을 기초로 지역의 어떤 단체가 주도적으로 추진하여 만든 것이지만 결국은 "모두 분발하면 좋은 것"이라는 예정조화 세계관*에 입각한 것들이다. 그런 생각이 치열하게 상품을 개발하고 판매를 반복하는 시장에서 통할 리 없다.

---

* 존재하는 모든 것은 마치 신이 예견하고 조정하는 것처럼 저절로 어우러지게 되어 있다는 식의 사고방식.

책임자가 없으면 배우려 하지도 않는다

코로나19 시대에도 느끼는 것은 우리 사회가 "모두 함께하는 것은 훌륭하다"라는 환상에 사로잡혀 있고 그것을 미덕으로 여긴다는 사실이다. 지역활성화에서도 자주 듣는 "모두 힘내자"라는 이야기는 결국 "나는 책임 없어요"의 또 다른 표현이다.

회의할 때도 "모두 힘냅시다"라는 말을 종종 듣는데, 그럴 때마다 내가 "그러면 누가 언제까지 무엇을 할지 분담을 정합시다"라고 하면 모두 바닥만 보는 기도 안 차는 상황이 벌어지고는 한다. 모두가 명확한 책임과 임무를 저버려 실패했을 때도 "모두 잘못했네"라고 질책하고는 허무하게 끝나 버리기 일쑤다.

즉 '모두'라는 단위를 지키지 않는 사람은 철저하게 집단에서 배제하고 그 후에 단결하는 것이다. '누구'라는 개인으로 구체적으로 분류해버리면 '모두'라는 존재하지도 않는 주체에 책임을 떠넘기기 어려워지기 때문이다.

그렇게 '만장일치' 원칙 아래에 '모두' 정해진 일을 하자는 식으로 일하는 사람들이 있다. '모두' 따위의 추상적인 주어는 필요 없다. 우선 '내'가 무엇을 할까가 먼저이다.

3. 지역을 바꾸는 것은
외지인·청년·무모한 도전자라는 핑계

언제부터 '외지인·청년·무모한 도전자'가 화제가 되었을까. 그 기원을 확실히 알 수 없지만 내가 소위 지역활성화 분야에 관여하게 된 20년 전에도 이미 이런 분위기가 있었다.

· 외지에서 상대적으로 지역을 바라보며 기획하는 사람
· 기존 상식에 얽매이지 않는 행동력 있는 청년
· 무모하다고 할 정도로 과감한 도전을 하는 지역 사람

이런 조합이 있다면 좋다고 했다. 그리고 이런 조합이 정답인 것처럼 회자하였고 그런 사람이 없어서 지역활성화가 안 된다는 말이 회자하더니 이제는 '외지인·청년·무모한 도전자'라는 환상을 가지게 되었다.

실제로는 U턴*처럼 외지에 살다가 고향으로 돌아오는 사람도 많고 그런 사람이 활약하는 곳도 많다. 그 사람은 바보도 아니고 고등교육도 받았고 대기업에서 근무하거나 창업했던 사람들이다.

한편으로 청년이라서 사고방식까지 젊다고 말하기도 하는데 오히려 보수적 사고방식으로 으레 있는 보조금을 받으며 지역활성화

---

*U턴(고향 → 도시 → 고향으로 이동), I턴[도시 → (연고가 없는) 지역으로 이동], J턴 [고향 → 도시 → (연고가 없는) 다른 지역으로 이동]. (역주)

분야로 넘어가 버리는 사람도 있다. 청년이지만 고령자보다 더 그런 일에 열중하는 것이다. 또한 자신이 주체가 되는 것은 싫다는 핑계로 "나는 코디네이터"라며 합의조정 역할만 하려는 사람도 있다.

지역에서 압도적인 존재감은 필요할 테니 지역의 위계적인 구조 속에서 완전히 떨어져 지내는 것이 불가능하긴 하다. 그러나 지역에서 일정 정도 신뢰를 얻고 있는 사람이 도전하는 것을 넘어선 일은 없다. 지역에서 가게나 회사를 운영하는 사람이 실제로 돌파력 있고 바보 같다고 여겨질 도전을 해도 주목받을 수 있는 구조가 필요하다.

타인에게 맡기며 '나는 안 한다'는 의식이 기본에 깔려 있다

'외지인·청년·무모한 도전자'라는 말이 유행하는 것은 결국 방관자들이 "우리의 뜻을 받아들여라"라는 입장을 표현한 것이고 동시에 "우리에게는 외지인·청년·무모한 도전자가 없어서 지역이 바뀌지 않는다"라는 핑곗거리의 구실이 되는 것이다. 자신들이 스스로 하지 않는 이유를 합리화하는 구실 말이다.

자주 듣는 말이지만 "우리는 폐쇄적이다", "모난 돌이 정 맞는다"라는 말은 결국 핑계다. 아무리 폐쇄적이고 모난 돌이 정 맞는다고 해도 일을 하고자 하는 사람은 결국 하게 마련이다.

차라리 "나를 보호하기 위해서 그리고 무섭기도 해서 뭔가 하고 싶지 않다. 절대로 손해 보고 싶지도 않다"라고 말해주면 좋으련만 절대로 그런 식으로 표현하지 않는다. 외지인, 청년, 무모한 도전자라고 불리지 않아도 스스로 하면 결국은 좋은 것인데 말이다.

가업을 이어받아 믿을 만한 사람·사업 경력이 오래된 사람·투자 능력이 있는 사람

사업을 하기 위해서는 신용, 경험, 투자라는 세 개의 축이 필요하다. 그런 점에서 외지인의 지역활동은 한계가 있다. 지역에 다소 기여한다고 해도 외지인 단독으로 모든 것을 하기는 어렵다. 이런 점에서는 적어도 그곳에 오랫동안 살아온 지역주민의 역할이 중요하다. 또한 청년이라고 무조건 좋은 것도 아니다. 사업에 관한 지식과 경험을 쌓은 사람이 중요하다.

해볼 만한 투자라면 확실히 해야 한다. 지역에서 나름의 신용과 투자력이 있는 회사인데 투자를 하지 않고 지지리 궁상떠는 일도 있다. 돈을 모아놓기만 하고 무위도식하는 지주가 있는 마을은 망한다.

몇 대째 가업을 이어 내려오는 집안이더라도 외지로 진출하여 경험을 쌓으면서 본업과는 다른 사업에 투자도 하면서 사업을 성장시켜나가는 것이야말로 매우 이상적인 모습이다. 독자적으로 기획한 국산 의류를 판매하는 팩토리에의 야마다 도시오(山田 敏夫)는 본가와 별도로 스스로 유럽의 유명 브랜드로부터 수주받아 제품을 생산하면서, 봉제공장과 직접 계약하여 브랜드를 만들어 성공했다.

팩토리에는 도쿄 긴자에 점포를 내고 2019년 구마모토 시모토리

(下通)에 있는 본가의 여성복 가게를 개조하여 카페도 같이 운영하고 있다. 거기에서는 팩토리에의 상품뿐만 아니라 구마모토산(産) 우유를 카페에서 판매하는 등 지역에 새로운 활기를 불어넣고 있다.

이렇듯 지역 노포의 자손이 외지로 나가 전국에서 좋은 평가를 받는 사업을 만들고, 마을에도 여러 생산자를 끌어들이는 시스템을 만들고 있다. 노포가 가진 높은 신용을 바탕으로 제로에서 시작해서 사업을 성장시킨 야마다 씨는 가업인 가게에도 투자하여 마을에 영향을 주었다.

이러한 도전을 지역 동년배 사업자들도 환영하고 있다는 것이 지금 변화하는 시대의 특징이다. 예전의 상점가 문화였다면 외지에서 성과를 올린 사람을 마을에서 순순하게 받아들이기는 어려웠을 것이다. 나는 14년째 구마모토에서 일하면서 세대교체에 의한 마을 변화를 희망차게 바라보고 있다.

4. 조직을 움직이기 위한 효과적인 외압 사용법

사업가라면 스스로 활동하는 것으로 성과를 낼 수 있다. 시기를 받을 수도 있지만 사업 기반이 충실하다면 어떻게든 된다. 그러나 지자체에 근무하거나 지역의 전통 기업에 근무하고 있다면 그런 경직된 환경 속에서 '개인'으로서 착각하지 않고 살아간다는 것은 매우 힘든 일이다. 조직 구성원이 되면 집단 압력에 대항했을 때 좌천

당하거나 쫓겨날 수도 있기 때문이다.

우리 사회 전체 취업자의 90%는 회사 직원 또는 공무원으로 근무한다. 그래서 조직 내에서 행동하거나 조직을 움직이는 데에서 문제가 발생할 수 있다. 이상한 것에 그저 "이상하다"라고 말하는 것만으로는 집단 압력이나 조직의 위계질서에 힘을 발휘할 수 없다. 지역에서 일을 기획할 때도 "윗선에서 전혀 움직이지 않는다", "잘난 사람이 이해해주지 않는다"라며 고민하는 사람들이 적지 않다.

이럴 때 흔히 하는 반응은 설득하려고 노력하는 것이다. 의사결정권자에게 내용을 열심히 잘 전달하면 이해하게 될 거라는 환상이다.

사람들은 기본적으로 "누가 이야기하는가"에만 관심을 둔다. 다들 경험이 있을 것이다. 내가 이야기하면 이야기가 전혀 통하지 않는데 잘난 사람이 몇 마디를 하면 모두 수긍하는 상황을 본 적이 있을 것이다. 대단한 내용을 말하는 것도 아닌데 전문가가 말하면 훌륭한 실명처럼 들렸던 경험이 있을 것이다. 그런 것이다. 따라서 말로 그것을 잘 살리지 못하면 일을 진행하기 어렵다.

외압을 활용하려고 할 때 고려해야 하는 세 가지 방법이 있다.

같은 조직 속성을 가진 구성원을 활용하는 '그룹 이용법'

우선 중요한 것은 같은 조직 구성원을 활용하며 이야기하는 것이다. 나 같은 민간인이 공무원에게 "행정기관은 이렇게 해야 한다"라고 말하면 그쪽에서는 "당신은 행정기관을 모르기 때문에 그런 말을 한다", "민간은 돈을 벌려고 그런 말을 한다"라고 반응할 것이다. 자기 쪽 사람인가 아닌가를 명확하게 선 긋는 것이다.

공무원에게는 다른 지역 공무원 실적을 이야기하며 그 속성에 맞는 외압을 활용하는 것이 효과적이다. 그렇게 하면 "이 사람은 관계없는 사람이야", "외부자다"라는 식의 문전박대를 당하지 않고 자연스럽게 이야기가 진행된다.

같은 계급의 사람을 활용하는 '계급 이용법'

또 하나는 계급이다. 사람은 자신보다 위인가 아래인가에 민감한데 특히 위계질서가 명확한 조직이라면 더욱 그러기 마련이다. 그래서 이야기를 들으려 하지 않는 부장에게 계장이 이야기해봐야 효과가 없다. 부장에게는 부장보다 높은 사람의 말이 더 효과적이다.

지역주민 역시 마찬가지다. 나이나 경력 있는 사람을 적절히 활용하는 것만으로 내용 전달의 깊이가 달라진다. 내가 상인회장에게 상가 개선 사항을 직접 이야기를 하는 것보다는 더 실적 있고 내용을 잘 아는 상인회장이 상점 주인에게 직접 말하는 편이 더 효과적이다.

여기에서 중요한 것은 전할 내용과 그 실행은 자기 스스로 한다고 각오하고 그렇게 해야 한다는 것이다. 외압은 어디까지나 잘 전달하는 데 필요한 사람을 활용하는 것이지 무조건 외부인에게 다 맡기라는 의미가 아니다.

외부 평가를 활용하는 '외부 평가 이용법'

말하는 사람이 누구냐에 따라 내용 전달의 깊이가 달라질 수 있으므로 외압을 활용하는 것이지만 그래도 안 되면 마지막 수단은 외부를 활용하는 것이다. 외부 평가가 높아지면 주위 시선도 달라진다.

지역의 일에 대한 평가는 대개 그 지역보다는 외부에서 훨씬 더 빠르게 이루어진다. 그 후에 마지막으로 마을에서 인정받는 식의 수순이다. 당연히 해야 할 일을 하면서 성과를 올리려고 노력해야겠지만 마을에서 평가받지 못한다고 애태우고만 있는 것은 손해다.

특별표창을 받았다고 무언가 구체적으로 바뀌는 것도 아니고, 외부 전문가로부터 인정받는 것도 큰 의미가 있다고 볼 수는 없다. 그러나 마을에서의 평가가 바뀔 때 그런 외부 평가가 순기능으로 작동할 수 있다. 자신의 평가뿐만 아니라 그룹 평가를 받거나 나의 일을 외부 공모전 수상 등으로 평가받으면 마을에서 두각을 나타내기에 효과적이다.

막연하게 외부인에게 이야기하는 것이 아니라 그룹, 계급, 외부 평가와 같은 세 가지 이용법을 고려하면서 대상과 방법을 판단하여 진행할 필요가 있다. 내용보다 누구에게 어떻게 이야기할까가 중요하며, 마을 내부보다 외부 평가를 받는다. 이런 식으로 움직이는 것만으로도 사안 전달의 효과 차이가 나타난다.

5. 생각을 표현하는 네 가지 행동

집단이 가진 환상은 무책임과 현상 유지를 정당화하기 위해서 공유되고 있는 것이 많다. 마을에서 현상을 타개하고 변화를 일으키고 싶은 사람이라면 적절히 압력을 바꾸어가면서 스스로 움직일 필요가 있다.

관망은 도전자를 망친다

누군가의 성공을 보고 질투나 두려움을 느끼는 것은 매우 자연스러운 현상이다. 그러나 그런 감정을 적절히 제어하지 못하고 분노하게 된다면 그것은 매우 비이성적인 행동이다. 마을에서 새로운 움직임을 만들려는 것을 막기 위해 자신도 휩쓸리면 안 된다. 적은 눈앞에 있는 것이 아니라 더 밖에 있다.

서로 질투하며 마을이 피폐해지는 현상을 막기 위해서는 두 가지로 나누어 생각할 필요가 있다. 즉 마을 주민들이 '도전자·성공자를 눈앞에서 마주칠 때 해야 할 행동'과 '도전자·성공자가 의식해야 할 행동'이 그것이다.

우선 마을에 도전자·성공자가 나타났을 때 어떻게 반응하는 것이 좋을까.

① 응원은 구체적 행동으로 표현한다

마을에 신규 점포를 열 때 지역 행정기관은 바로 임대 보조금과 수리비 보조금 등 보조금에 관해 안내한다. 그러나 내가 투자하고 경영하는 프로젝트는 보조금 신청을 절대로 하지 않는다. 보조금을 받아봐야 초기 투자 정도 규모거나 약간의 경영 부담 감소 효과밖에 없기 때문이다.

당연하지만 경영에서 중요한 것은 매출이다. 그리고 매출을 올리는 것은 바로 마을 주민들이다. 단순한 사실이지만 예를 들어보자. 마을에 지산지소*를 목적으로 하는 식당이 생기면 "마을 어른들도 한 번은 먹어주러 가야지", "소문 내줘야지"라고 하고, 행정기관 사람들도 "점심이라도 한번 다 같이 먹으러 가자"라며 격려한다. 이런 반응은 창업할 때 제일 힘든 시기를 넘기는 힘이 된다. 응원이 매출을 올리는 데 기여하는 것이다.

내가 한때 직원이기도 했던 아이치현 가스가이시(春日井市) 가치가와(勝川)의 마을재생 프로젝트가 있었다. 그 사업은 2층 목조건물을 리모델링하는 것으로 임대 가게 4개를 입점시켜 시작했고, 3년 후에는 빈 땅을 사들여 2층 건물에 10개 정도의 가게가 입점하는 소규모 상업시설을 개발하는 것이었다. 또한 2021년 역 앞에 비어 있는 재개발 빌딩의 1층을 전면 재단장하여 피트니스와 코워킹, 공유부엌 등 다양한 업태를 복합적으로 구성하는 프로젝트를 추진했다.

프로젝트를 제일 먼저 시작한 2층 목조건물에 입주한 영어 회화

---

*지산지소는 산지의 재료를 산지에서 소비하는 것이다. (역주)

교실이 있었다. 처음에는 학생 6명에서 시작했지만 1년 만에 수강생이 100명 가까이 급성장하면서 2차로 개발한 신축 상업시설로 이전하여 지금은 수강생 150명 이상이 모이는 인기 교실이 되었다. 물론 경영자가 노력했기 때문이기도 하지만 처음에 문을 열 때 PTA(학부모회) 회장부터 상공회의소 직원, 로터리클럽 직원 등을 역임한 지역 유지들이 "처음 창업한 사람이니 홍보를 부탁해요"라며 주위에 소문도 내면서 응원해주었다.

상가는 늘 빈 점포가 가장 문제이다. 그런 빈 점포에 개업하는 것은 목적이 아니라 수단이다. 그 후에는 확실히 벌어들여야 한다. 그렇게 돈을 벌면 주위에 소문이 나서 상가의 나머지 빈 점포에도 입점이 이어질 수 있다.

이것은 이주정주정책과 마찬가지이다. 인구를 숫자로만 보면 곤란하다. 이주자들이 행복하고 풍요롭게 생활할 수 있도록 마을 주민들이 최선을 다해 도와야 한다. 그렇지 않으면 이후에 오는 사람이 없을 것이기 때문이다.

응원은 구체적 행동, 매출 등 결과로 연결되는 방식이어야 한다. 당사자 노력이 제일 중요하지만 한 번쯤은 모두 응원하는 마음으로 손님을 소개해주는 것이 중요하다. "마음 깊이 응원한다"라는 식의 공허한 말은 의미가 없다.

② 관망은 망하게 하는 것과 마찬가지이다

새롭게 개업한 빵집이나 영어 회화 교실을 보면서 "저 가게는 석 달

안에 망한다", "1년을 못 버틴다"라는 등의 말을 하면서 팔짱 끼고 삐딱한 자세로 본다면 망하는 데 일조하는 것과 마찬가지다. 만약 주변에 그런 사람이 있다면 적극적으로 그 정반대로 "저 가게를 응원한다"라고 공언하며 그 가게를 실제로 이용하는 행동을 모두 보여줘야 한다. 한 사람이라도 그런 행동을 한다면 새로운 가게를 연 사람에게 큰 도움이 될 것이다.

무엇보다 마을 경제에 있어서 집적이라는 장점이 있으므로 누군가가 번성하면 손님을 빼앗기는 것이 아니라 새로운 손님이 마을을 찾게 되는 영향력이 생긴다. 이주해도 아무도 행복해지지 못하는 마을보다 몇 명이라도 이주하여 마을산업으로 새로운 프로젝트가 생겨 벌이를 만들 수 있는 마을에 연이어 사람이 모이는 것과 같은 이치이다. 따라서 관망만 하지 말고 초기의 불안한 시기에 확실하게 응원해야 한다.

아무것도 도와주지 않고는 망한 다음에 "나는 응원 했는데…" 따위의 말을 하는 것은 도움이 되지 않는다. 이미 망해버리면 "저 마을은 도전하지 않는다, 망할 것이다"라는 소문이 나서 다음에 오려는 사람은 점점 나타나지 않고 쇠퇴는 극에 달할 것이다. 즉, 마을에서 새로운 가게가 망했다는 식의 실패 실적이 쌓이면 쌓일수록 결국 마을 주민에게도 손해라는 것을 좀 더 심각하게 생각해야 한다. 결국 응원은 그 사람을 위해서 하는 것이 아니라 마을과 자신을 위해 하는 것이다.

대실업가 오하라(大原)가 남긴 최고의 말

도전자는 어떻게 생각해야 할까. 사실 선조들의 사례를 보면 반대에 부딪치는 것이야말로 가치 있는 일이라고 생각하는 사람들도 있다.

③ 으레 7-8명 정도가 반대하는 것을 추진하는 것이 '일'

오카야마현 구라시키시가 낳은 대실업가이자 구라시키방적(구라보우)과 구라시키견직(현 구라레) 등 여러 회사의 사장을 역임한 오하라 마고사부로(大原 孫三朗, 1880-1934년)는 노동과학 분야에서 노동환경 개선을 위해 노력했고, 근대미술 컬렉션 등 문화 사업에도 많은 공적을 남겼다. 그러나 당시에는 주변으로부터 언제나 비판받았다. 오하라는 생전에 이렇게 말했다.

"일을 시작할 때 10명 중에 두세 명이 찬성하면 바로 시작해야 한다. 한 명도 찬성하지 않는다면 너무 빠른 것이고 10명 중에 다섯 명이 찬성할 때는 너무 늦은 것이다. 7-8명이 찬성할 때는 그만두는 편이 낫다."

내부에서 반대하더라도 정말 해보고 싶다면 2-3명만 찬성할 때가 진짜 도전해야 할 때라는 것이다. 도전하여 성공하면 또다시 다른 반대자가 나오지만, 모두 잘 모르고 있을 때 앞을 보는 선견지명식 도전도 있다는 말이다.

마을 만들기 환상

④ 다른 경쟁자를 무너트리지 말고 키운다

후쿠오카시에 후쿠야라는 유명한 명란젓 전문 식품회사가 있다. 1946년에 창업한 후쿠야는 창업자와 2대 사장이 명란을 후쿠오카의 지역산업으로 키우는 데 크게 이바지했다. 고춧가루 양념 명란을 개발하고 그 노하우를 다른 기업에 무료로 제공하여 최고 전성기에는 1,500억 엔 넘는 명란 시장을 만들어냈다.

창업자 가와하라 도시오(川原俊夫, 1913-1980년)는 명란은 반찬이 되어야 한다고 늘 주장했다. 즉 나물 반찬처럼 누구나 쉽게 만들 수 있다면 반드시 식탁에 오르게 될 것이고, 그렇게 모두의 식탁에 오르면 그때 후쿠야가 더 좋은 상품을 만들어서 판매한다는 전략이었다. 그런 생각으로 자기 기업이 만드는 비장의 무기가 아니라 편의점 삼각김밥처럼 기본 메뉴 같은 느낌으로 명란젓을 개발하여 지역산업으로 키운 것이다.

또한 후쿠야는 창업자 자손들도 규슈 다른 기업에서 선구적으로 콜센터를 통한 통신판매 시스템을 개발하여 전국에 판매망을 구축했다. 이런 시스템을 다른 통신판매 기업도 벤치마킹했다고 한다. 그 결과, 현재 규슈는 통신판매 대국이라고 불릴 정도로 위상이 높아졌다.

이처럼 후쿠야는 2대에 걸쳐 지역에서 경쟁자를 무너트리는 것이 아니라 오히려 시장을 키워서 지역에 폭넓게 공헌하는 기업이 되었다. 또한 지역 전통 행사인 하카타 기온야마카사(博多祇園山笠, 민속축제)에도 많이 지원하고 최근에는 청년 창업 기획도 지원하고 있다.

창업자 가와하라는 평생 성실히 납세하였으며 남은 이윤은 지역에 투자한 것으로도 유명하다. 이런 기업이 있는 지역은 성장한다.

밝은 지역에 사람이 모인다

이처럼 시기를 받아도 그 이상으로 감사하는 사람이 나오고 큰 공헌을 하며 역경을 이기는 사람도 있다. 성공한 사람을 무너트리는 것이 아니라 칭찬하며 그에게 가르침을 받고, 성공한 사람도 개방적 자세로 대응하는 이런 식의 연대가 발휘되었을 때 지역에서도 경쟁력이 있는 큰 산업이 생겨날 수 있다. 구질구질하게 서로 넘어트리는 지역보다는 밝게 웃고 마시고 즐기는 지역에 사람이 모여들 것이다. 그런 지역이라야 그들의 도전이 성과를 내고, 그 성과가 무너지지 않고 마을 전체에 파급될 수도 있다.

시기는 많은 사람의 마음속에 있다. 따라서 늘 의식하면서 구체적으로 응원하고 배우는 자세를 가지려고 해야 한다. 마음먹기에 따라 크게 바뀔 수 있다. 마을을 바꾸는 일은 우리 각자가 하루를 사는 법을 바꾸는 것에서 시작된다.

제4장

환상에 기반한
외지인 의존,
그 종말

인구감소가 이어지는 가운데 인구 불모지인 지자체에서 인구 늘리기 경쟁을 반복해가는 요즘, 지역부흥협력대 제도로 청년을 지역에 불러들이고 관계인구라는 매우 애매한 표현*으로 외지인과 접점을 늘리는 일에 예산이 쓰이고 있다. 누가 지역에 건설적인 사람인지에 관해서는 모호하게 언급한 채로 말이다.

그렇기 때문에 어떤 지역에서는 외지인이 지역을 황폐하게 하는 나쁜 존재라는 환상, 또 한편으로는 도쿄의 유명한 연구소나 컨설턴

---

*관계인구는 살고 있는 정주인구나 일시적으로 방문하는 교류인구와 달리 반복적으로 지역에 방문하거나 지역활동에 관심을 갖는 일종의 지역응원인구를 의미한다. 관계인구에 대해서는 田中輝美. 2017. 『関係人口をつくる：定住でも 交流でもない ローカル イノベーション』. 木楽舍. (윤정구·조희정 역. 2021. 『인구의 진화: 지역소멸을 극복하는 관계인구 만들기』. 서울: 더가능연구소) 참조. (역주)

트를 과도하게 치켜세우는 환상도 형성되고 있다.

지역사업의 80%는 외주,
그 절반을 도시의 컨설팅 업체가 수주

제2차 아베 정권이 추진한 지방창생정책은 '앞으로는 지자체가 각자 특색에 따라 독자적 전략을 세워야 한다'는 기조로 예산을 배부했다. 그 실태는 어땠을까. 2017년 공익재단법인 지방자치통합연구소가 그 행방을 조사했다.

조사 결과 1,342개 지자체 중 80%가 통합전략수립을 위해 컨설팅 업체에 외주를 주었다. 수주액과 건수를 보면 도쿄도에 본사를 둔 조직이 전체 외주의 50% 이상을 차지하는 것으로 나타났다. 모처럼 지역에 가야 할 돈의 40% 이상(=0.8×0.5)이 도쿄로 흘러 들어간 것이다. 애초에 '각 지역이 독자성을 발휘하여 예산을 활용하도록' 국가가 국고에서 돈을 내어 주었는데 말이다.

그런데도 당시에는 '지방창생통합전략 버블' 등으로 불리며 천편일률적으로 지자체의 인구 예측, 산업구조, 이후 예산 등의 내용이 채워진 '이름뿐인 통합전략'이 지자체에 납품되었다. 결과적으로 '도쿄의 컨설팅 업체가 위탁받아서 계획을 만들고 지자체에 납품한다'는 웃지 못할 실태가 나타난 것이다.

이처럼 외지인과 외지 기업을 활용한다면 지역 경제구조를 염두에 두고 해야 하는데 실제로는 그렇게 하지 않았다. 지자체도 돈 이야기는 쏙 빼고 지역 밖의 유명인과 기업에 의뢰했다고 할 뿐이다. 그 결과 지역에는 돈이 남지 않는 프로젝트 천지가 되어버렸다. 이렇게 하면 할수록 지역은 거지가 되어버리는데 말이다.

대단히 훌륭한 회사가 일을 맡아도 마지막에 중요한 것은 개인이다. 그런 곳에 돈을 지급하고 지역에 남는 것이 있을까. 프로젝트가 사업 수지와 함께 지역 수지 개선, 평균소득 개선에 연결되는 장치가 되도록 노력하는 내외부의 사람이 있어야 하는데 실상은 그렇지 못했다.

그런 의미에서 이러쿵저러쿵 '인구'라고 말하며 예산을 들여 도시에서 닥치는 대로 이주·정주자를 모으는 등 도시와 '관계인구'를 늘리려는 것은 지역 쇠퇴를 조장할 가능성도 있다. 이렇게 하면 정말 투자액 회수가 가능한지, 외부의 부를 지역에 끌어올 수 있는 것인지 항상 이 점을 고려하면서 외지인과 상대해야 한다.

지역재생 분야에서는 외지인과 지역의 적절한 거리감이 중요하다. 그것은 지역의 기본적인 구성 방식 문제이기도 하며 또한 지역이 좋아진다는 것이 구체적으로 무엇을 의미하는지는 생각하지 않고 단순히 "이렇게 하면 좋다"라며 상을 제시하는 '외지인'의 문제이기도 하다. 악의는 없다고 하겠지만 어쨌든 잠시 멈춰 서서 정말 좋은 관계는 무엇인지 서로 생각해보아야 한다.

제4장에서는 지역 경제구조를 고려하여 외지인과의 소통 방법에 대한 환상과 외지인의 지역에 대한 환상을 제시한다.

1. 돈 이야기가 싹 빠진 외지인 활용의 환상

우수한 외지인이 도와주면 지역은 풍요롭게 될 것이라고 믿는 환상이 있다. 그러나 그런 우수한 외지인이 실제로 지역을 돕는 것은 매우 어려운 일이다. 우선 '우수'라는 기준으로 인재를 선정하기 불가능하다. 차라리 우리 마을에서 무엇을 하고 싶고, 어떤 기술과 경험이 있는가를 구체적으로 고려해야 한다. 또한 이 부분에서 중요한 것은 '돈'이다. 외지인이 오가며 지식 경험을 교류하더라도 어떤 형태로든 수고비가 필요하다.

지역재생 분야에서 수익이란 개개인 거래로 발생하는 이익뿐만 아니라 지역 전체의 경제순환 속에서 지역 전체에 이익이 나와야 한다. 프로젝트가 흑자가 되어 지역 내외부 참여자들에게 수고비를 주었다 하더라도 지역 외부로부터 들어오는 돈보다 지역이 지출한 돈이 더 크다면 결국 지역 전체 차원에서는 적자가 된다. 따라서 역외 수입을 확실히 정리한 후에 시작하지 않으면 외지인을 사용하면 할수록 지역으로서는 손해라는 결론이 된다.

외지인과 소통하기 전에 이해해야 할 지역경제 순환구조

지역과 외부의 관계를 생각할 때는 건설적인 지역경제 순환구조를 구체적으로 고려해야 한다. 지역경제는 지역 내부와 외부의 거래로

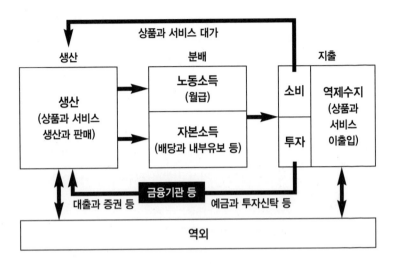

지역 경제순환 이미지

*자료: 환경성

이루어지지만 역외수지가 마이너스가 되면 지역에서 부가 점점 유출되어 쇠퇴한다는 것을 의미한다. 어떤 생산 활동으로 만들어진 상품과 서비스가 판매되어 부가 분배되는 구조에서 지역 진흥의 기본은 결국 평균소득 증가라고 할 수 있다. 지역에 필요한 것을 역외에서 구매하는 것도 곤란한 일인 것이다.

이제까지 멋진 일이라고 말해왔지만 이런 부분이 약해졌기 때문에 인재도 유출되는 것이다. 그러므로 지역활성화를 위해 분배 부문 강화를 좀 더 진지하게 고려해봐야 한다.

외지인은 역외지수를 마이너스로 만들지 않도록 지역 상품과 서비

마을 만들기 환상

스를 역외로 판매하게끔 해야 한다. 어떤 농작물이 지역 내에서 유통되어도 결국 지역 내에서만 생산과 소비가 이루어지는 것이기 때문에 역외 판매 없이 수입을 만들겠다는 것을 의미한다. 관광으로 새로운 손님을 만드는 것도 방법이기는 한데 한편으로는 상품경제를 통해 지역 외부로부터 이익을 만들 수도 있는 것이다.

또한 지역사업에서 중요한 것은 소득을 만드는 방법인데 소득은 노동소득과 자본소득 두 가지로 구성된다. 노동소득 개선도 중요하지만 가능하면 지역자본을 기초로 생산하여 적절하게 자본소득도 얻을 수 있으면 최상의 상태이다. 예전에는 지역은행에 돈을 맡기면 지역기업에 투자되어 그것이 금리로 예금에 플러스가 되었지만 지금은 그런 활발한 기능이 일어나지 않고 있다. 그런 이유로 지역 외 자본을 끌어와 생산하는 방식이 되어버리면 결국 역외수지는 악화하고 만다.

앞서 소개한 스페인 바스크 자치주 노동협동조합의 대처가 특징적인 것은 노동자가 자본을 들여 노동자와 경영자 급여 격차를 최소화했다는 것이다. 노동자도 자본소득을 얻을 수 있고, 노동자의 평균 급여가 높아져 지역 내 소비로 연결되고, 또 다른 사업에 노동자가 출자하게 되는 선순환 구조가 만들어지는 것이다.

지금 지역 문제는 지역 노동자 대부분이 노동소득도 낮고 자본소득은 거의 없는 구조라는 것이다. 여기에 외부 컨설팅 업체 등이 들어와 대규모 컨설팅 비용을 가져가면 역외수지는 더한층 나빠진다. 재개발하고 싶어도 임차인 등이 모두 지역 외 자본에 연결되어 있다면 개발하면 개발할수록 역내수지는 악화한다.

지역 개발은 지역 밖 자본이 필요할 수도 있지만 최종적으로는 지역자본으로 하는 것이 필요하다. 생산 부문도 지역에서 생산할 수 없는 것은 외부에서 들여올 수도 있지만 그것도 수입 치환하여 내제화(內製化)하면 지역에서 부가 순환하고 경쟁력이 늘어 다른 지역에 판매하는 것이 가능해진다.

외부 자본으로 벌어들이면 아무리 지역에 많은 사람이 온다고 하더라도 지역주민은 풍요롭게 살기 어렵다. 관광지를 예로 들면 하와이 주민들은 관광산업에서 세탁 일만 하는데 부동산은 폭등하여 홈리스 문제 등 사회 격차 문제가 심각하다. 오키나와도 도쿄 자본과 외자에 의한 개발이 진행되는 관광산업은 성장하지만 주민 평균소득은 그다지 늘지 않았다. 고용 창출은 중요하지만 언제까지나 저임금 노동이라면 출구는 없다.

지역 경제구조에 대해서는 산업 연관표를 분석하는 방법이 있지만 지금은 내각부가 제공하는 리사스*에서 전체 현황을 실시간으로 파악할 수 있다. 또한 지역경제 변화를 이룬 뒤에 경제학 지식이 더 필요하다면 나카무라 료헤이(中村 良平)의 『마을 만들기 구조개혁』을

---

*리사스(RESAS, Regional Economy Society Analyzing System, https://resas.go.jp)는 지역창생 전문 지역경제분석 시스템이다. 일본 정부는 이 시스템을 통해 지역산업, 인구, 사회 인프라 등 데이터를 분석하여 지역에 적절한 과제를 찾아내 대응할 수 있도록 지원한다. 산업지도, 인구지도, 관광지도, 지자체 비교 지도 등을 제공하며, API 기반 공개데이터를 제공하고 있는데 지자체는 리사스 데이터와 지역의 분야별 데이터를 결합하여 계속 분석 사례를 생성하고 있다(https://resas.go.jp/related-information/#/13/13101). 누구나 이용할 수 있다. (역주)

참조하길 바란다.

지역활성화 프로젝트는 농림수산업, 공업, 상업 등을 통해서 문제해결을 위해 노력하고, 외지인과 소통하며 역외수지를 개선하는 방향으로 전개되어야 한다.

지 역 최 대 산 업 , 연 금

돈의 흐름과 함께 중요한 것은 연금 문제다.

교부금, 보조금 정책으로 도시에서 지역으로 재원이 분배되는 것뿐만 아니라 고령자연금이 현역 세대의 부담과 세금에서 지급되고 있다. 일본의 연금 지급 총액은 약 55조 엔이다. 자동차 업계(69.6조엔), 금융(65.6조 엔), 종합상사(53.7조 엔)와 비교해보면 그 규모가어느 정도인지 가늠할 수 있을 것이다.

연금은 고령자 수만큼 지급되는 것이기 때문에 고령화율이 높은지역에서는 연금이라는 현금 파워가 커지고 있다. 민간산업 없이 제도를 통해 연금이 지급되므로 그로 인하여 지역경제에서 개인 소비가 돌고 있다는 의미이다.

《닛케이신문》 조사에 의하면 슈퍼 점포당 내점객 수와 판매 금액은 2018년 기준으로 연금 지급일이 급여일보다 많았다고 한다. 2008년과 비교해도 대폭으로 연금 지급일 소비가 압도적으로 많다고 한다. 고령자 중심사회인 일본은 연금 대국인 것이다.

그런 의미로 보면 지역은 스스로 사업을 통해 버는 것보다 제도에 의한 분배산업 규모가 더 크다. 그래서 행정기관이 지역 최대 기업이 되는 상황이 벌어진 것이다. 연금과 교부금, 보조금으로 유지되는 지역경제를 활용하여 어떻게 지역에서 산업을 키우고 민간경제를 통해 외자 획득을 도모할 수 있을까. 그렇게 하지 않으면 지역에서 고령자가 사라지는 자연감소가 이어지는 한 내수가 줄어들 것이기 때문이다.

지금 고령자의 자식 세대는 도시로 나간 경우도 많고, 재산을 상속받은 후에는 고령자 저축도 대부분 도시로 이동해버리고 만다. 연간 사망자 수는 현재 138만 명에서 2030년 전후에는 160만 명 정도로 늘어날 것이고, 미쓰이스미토모위탁은행《조사 월보》2014년 9월호 예측에 따르면 앞으로 20년간 상속되는 자산총액은 650조 엔을 넘는다고 한다. 즉, 지역에서 도쿄로 자금 유입이 많고 유출과 공제를 하더라도 30조 엔 정도 초과 유입될 것이라고 한다. 인구집중이 문제가 아니라 지금의 수도권 자금 집중이 더 큰 문제이다.

지역에서 자본 그 자체가 없어지면 투자도 어렵고 지역경제를 만들기도 어렵다. 지역은행도 대출할 곳이 없어져 사라지고 말 것이다. 시한은 이렇게 다가오고 있다.

지역의 환상에 사로잡혀 인구론에만 집착하고 있으면 눈에 보이지 않는 지역 경제구조, 자본유출로 인한 시한 문제를 방치하는 것과 같다. 외지인과의 프로젝트로 기대할 수 있는 것은 남겨진 시간과 자본으로 제도 이외 부문에서 어떻게 벌이를 늘릴 수 있을까이다.

2. 관계인구는 지역의 팬 증가라는 환상

총무성은 관계인구 정책을 수립하며 이주와 정주가 아닌, '단순 관광객이 아닌 존재'에 주목하고 있다고 밝혔다. 거주인구나 교류인구가 아닌 제3의 인구로서의 관계인구를 강조하는 것이지만 "지역의 팬이 증가하면 지역이 잘될 것"이라는 환상도 많이 존재한다.

물론 팬이 증가하는 것은 매우 중요하다. 그러나 단순히 "팬입니다"라는 사람이 증가하는 것이 아니라 더욱 구체적인 실천이 같이 나와줘야 한다. "돈이 아닙니다. 서로의 관계가 중요해요"라고 말하면서도 행정예산으로 관계인구 만들기를 하는 것은 문제가 있다. 돈이 아닌 관계를 만들기 위해 돈이 쓰인다는 모순은 정말 환상에 의존하는 정책이다.

지역이 어려워진 원가 손실의 유치

최근에는 기존 이주정주정책의 어려움을 반영하여 새롭게 도시인구와 지역의 접점을 수치화하려는 움직임이 나오고 있다. 그것이 관계인구이다. 그러나 아직 정의도 매우 애매하고 기존 인구론에서 이야기하는 것과도 다르다. 한편에서는 그 애매한 관계인구라는 말을 내걸고 전국 지자체가 유치 작전을 전개하려는 움직임도 보인다.

실제로 지역에 필요한 것은 단순히 유연한 관계를 맺은 인구가 아니라 명료하게 소비 또는 노동력이 되는 인구를 이주나 정주가 아닌 방법으로 확보하는 것이다. 물론 거기에는 그들을 유치하는 비용이 든다.

전통적으로는 공장과 대형 상업시설 유치, 근래에는 관광객 유치 등 이주와 정주를 촉진하는 방식으로 지역에 없는 것을 외부에서 끌어들여 지역활성화를 도모해왔다. 그중에 고용을 수십 명 확보했다는 식의 결과가 나타나는 것은 좋은 일이지만 그런 고용으로 발생한 소득, 과세 등을 자세히 분석한 보고서는 거의 볼 수 없다.

좀 더 자세히 말하자면, 유치를 보조하는 데 필요한 사무실의 정비비와 임대료 등도 들었을 텐데, 그 부분에 관한 분석은 있지만 정작 그 결과로서 수입 측면에서는 달랑 유입 인원수만 발표되고 있다. 또한 공장을 유치했다면 시설뿐만 아니라 주변 도로와 상하수도 등 인프라도 만들었을 테니 생산설비 등에서 얻을 수 있는 고정자산 세수 등이 있을 텐데, 이처럼 지자체 세수에 연결되는 수지에 관한 분석도 없다.

공장과 상업시설이 철수해버린 예도 많다. 방대한 세금으로 유치했는데 경영이 기울어지면 공장 생산 축소와 철수가 이루어져 지역에는 부담만 남는다. 그다음에는 남은 것을 활용하기 위해 세금을 투입해야만 한다. 본말이 전도된 것이다.

인구감소와 세계적 차원의 제조업 경쟁, 인터넷을 포함한 상업 경쟁 환경 속에서 어느 정도 철수 가능성을 위험요인으로 고려할 수는 있겠지만, 그래도 투자 대비 효과가 있는가는 철저히 검토해보아야 한다. 위험요인도 반영한 손익을 전제로 입금과 출금 흐름을 파악하는 한편 플러스를 만들어내야 한다는 경영 차원에서 지역 전체를 파악하지 않으면 그 무엇을 아무리 유치해도 지역은 쇠퇴하고 말 것이다.

근래 관광 분야에서 나타나는 오버 투어리즘*은 일상생활을 파괴할 정도로 진행되며 지역의 부담 비용을 높이고 있다. 그 부담금을 관광객이나 관광산업 기업에게 부과하지 않는 것도 큰 문제이다. 싸게 팔면서 이익을 보려고 하는 관광객 유치가 지역을 피폐하게 하는 전형적인 패턴이다.

이주와 정주에서도 소득과의 관계를 의식해야 한다. 이주와 정주를 한 후에 지역에서 일하면 그것이 일정 소득을 얻는 일이어야 하고, 소득세나 주민세를 납세함으로써 지역 재정에 도움이 되도록 해야 한다.

무료 지역축제로는 팬이 늘지 않는다

가을이 되면 지역에서는 여러 무료 축제가 개최되어 무료로 식품을 나눠준다. 대도시에서도 그런 무료 배포 잔치가 개최되기도 하고, 일부러 광고대리점에 비싼 위탁비를 주면서까지 대도시 역 앞에서 무료로 나눠주는 프로모션을 개최하기도 한다.

---

*오버 투어리즘(over tourism)은 수용 가능한 범위를 넘어서는 관광객이 관광지에 몰려들면서 관광객이 도시를 점령하고 주민들의 삶을 침범하는 현상을 말한다. (시사상식사전) (역주)

꽁치 축제, 가리비 축제, 성게 축제 등 다양한 무료 축제가 개최되는 것은 도시인에게는 고마운 일이지만 그렇게 한다고 진정한 지역의 팬이 느는 것은 아니다. 무료로 받아서 고마운 것뿐이지 자칫하면 무료로 나눠주고도 불만을 들을 수도 있다. 단순히 싸다는 것만 알리며 돈으로 인기를 사려는 얕은 술수일 뿐이다.

관계인구에게 바라는 정신과 경제적 역할

신뢰감과 상호 지지 그리고 연결 등의 정신은 클수록 좋다. 인터넷까지 연결된 마당에 현지에 살지 않아도 지역과 도시의 연결은 손쉽게 이루어질 수 있으니 그런 식으로 연결된다는 것은 정말 중요하다. 그러나 동시에 손익계산도 마찬가지로 중요하다.

니노미야 손토쿠(二宮 尊德)*는 호도쿠시호(報德仕法, 재정재건책)에서 도덕과 경제의 양립을 강조한다. "경제 없는 도덕은 잠꼬대이며 도덕 없는 경제는 범죄다"라는 유명한 문구도 있다.

관계인구도 마찬가지다. 연결과 같은 미덕도 중요하지만 경제도 중요하다. 즉 무언가 하나의 기준만으로는 안 되고 정신성과 경제성 양면에서 지역에 접근하는 것이 중요하다. 그런 점에서 관계인구에게 바라는 경제적 역할은 두 가지다.

하나는 지역에 살거나 방문만 하는 것이 아니라 '새로운 소비'에

---

*니노미야 손토쿠는 에도 시대 후기의 경제, 농정, 사상가이다. (역주)

공헌하는 것이다. 돈을 써서 관계인구를 확보한다는 것은 난센스이다. 요즘처럼 인터넷이 잘 발달한 환경에서는 지역에 방문하지 않고도 지역 상품과 서비스를 구매할 수 있다.

지역을 이해하고 좋아하게 되어 도시에 살면서 지역 소비를 하는 사람을 확보하는 것은 큰 의미가 있는 일이다. 돈을 내며 관계인구를 확보하는 것이 아니라 돈을 쓰게 하는 관계인구를 확보하는 것이 중요하다는 것은 당연한 이야기이다.

또 하나는 지역에 부족한 '고부가가치 노동력'이 되어야 한다. 도쿄 등의 대도시에는 본사에서 각 지점으로부터 거둬들이는 연간 30조 엔의 역외지수가 있다. 게다가 기획과 창조적인 업무에 능통한 인재가 집중되어 있다.

지금 지역에 필요한 것은 생산성 낮고 급여가 싼 업무를 하는 인력이 아니라 새로운 부가가치를 만들어 싼 상품을 비싸게 팔 수 있게 영업 기획을 할 수 있는 인재이다. 관계인구는 이처럼 '지역에 이주와 정주하는 것이 좀처럼 곤란한 인재'를 활용하여 경제를 돌게 하는 사람이어야 한다. 상장기업에서 부업을 허용하는 흐름도 있고 복수의 업무처리 방식으로 성과를 올리는 사례도 있으니 이런 흐름을 적극적으로 활용해야 한다.

막연하게 관계인구를 모집하는 것이 아니라 소비력과 노동력이라는 두 축을 중심으로 관계인구를 타겟팅하여 그런 인구와 의미 있는 관계를 적절히 세워가는 것이 중요하다. 지금 성장하고 있는 지역은 정말 이것을 적절하게 시행하고 있다. 원격으로도 매력적인 상품과 서비스를 만들어 소비를 불러오고, 이에 관여하고 싶어 하는 사람을 늘리며 프로젝트 파워를 만들고 있다.

함부로 일을 벌이는 것이 아니라, 지역응원 정신과 지역 수익 창출이라는 두 측면에서 공헌할 수 있는 인재와 신뢰 관계를 착실하게 구축하고 있다. 부디 '관계인구 100명 확보'라는 적당한 목표를 내걸고 '지역 팬클럽'을 만드는 데 예산을 쓰는 지역이 증가하지 않기를 바란다.

실속이 없다면 외지인과 건전한 관계는 불가능하다

관계인구를 만들려는 시도 중에 무리한 것이 꽤 많다. 좀 더 자연스러우면 좋으련만 화려한 것만 어필하려고 한다. 프로모션이라는 겉치장으로 허상을 팔아먹으려는 환상을 품은 사람이 여전히 많기 때문이다.

그러나 지역에 '진심'이 없다면 아무리 많은 사람에게 알려도 그 지역에 대한 원격지에서의 소비나 힘든 일을 돕는 노동력이 생길 리 만무하다. 외부로 이런저런 말을 하기 전에 우선 지역 현실과 마주하고 의미 있는 열매를 만들려고 노력해야 한다.

예전에 사바에시(鯖江市)를 방문했을 때 지역주민과 이야기를 나누면서 놀란 일이 있다. 사바에는 세계적인 안경 도시이다. 그러나 한편으로는 예전에 고등학교에서 학생을 지도할 때 "공부 못하면 안

경원에서 일하게 된다"라는 말은 보통이었다고도 한다. 공부를 못하니까 지역에 남아 누구도 하기 싫은 일을 하게 될 것이라는 발상 자체가 너무 비참하다.

그러나 사바에시 선조들이 대단했던 것은 그런 말을 들으면서도 포기하지 않고 새로운 기술과 상품을 개발하여 지금은 안경 기술을 활용한 의료기구 산업 분야까지 진출했다는 것이다. 안경 분야에서도 메이커를 늘려 전국적으로 히트시켰고, 이탈리아에서 기업 매수를 하기도 했다. 그곳에 잠시 머무는 동안 나도 수만 엔 하는 안경을 여러 개 사버리고 말았다.

사바에에 갔을 때 느낀 것은 지역주민의 자신감과 매력이었다. 이곳을 매력적인 동네라고 생각하게 된 이유는 지역 매력을 억지로 만드는 것이 아니라 지역주민들이 그 자체로 자긍심을 가지고 있었기 때문이다. 자신들의 일에서 가치를 발견하고 그것으로 지역을 지탱하는 산업을 하는 사람들의 이야기에는 매력이 있다.

또한 다케베 미키(竹部 美樹)가 대표를 맡은 엘 커뮤니티라는 비영리법인은 SAP재팬과 KDDI를 시작으로 외지인인 해외와 도쿄 민간 기업으로부터 여러 자금을 모아 지역 어린이들에게 첨단 프로그래밍 교육을 하고 있다. 전통산업뿐만 아니라 앞으로 필요한 분야에 필요한 지식을 민관이 협력하여 제공하고 있다.

외지인이나 외부 기업과 건설적인 관계를 만들기 위해서는 이처럼 지역산업이 도쿄와 해외까지 상대하며 미래를 위해 투자하는 것이 대전제가 되어야 한다. 그렇게 되면 개인뿐만 아니라 기업에서도 함께

하고 싶다는 사람들이 나타나서 파트너십이 형성될 수 있다.

당근을 흔들면서 관계인구를 모으는 형식적인 커뮤니케이션이 아니라 우선 지역을 파고드는 도전이 축적돼야 정말 지역에 필요한 외지인들이 함께할 수 있다. 관계인구는 쫓아가는 것이 아니라 끌어들이는 것이다.

3. 왜 하이에나 컨설턴트가 나타나는가

외지인과의 관계에서 어쩔 수 없이 거론하지 않으면 안 되는 것이 컨설팅 문제이다. 지역에는 아직도 "모르는 일은 전문가에 맡겨야 한다"라는 환상이 만연해 있다. 동시에 지역을 위해 공헌하려는 의지가 있는 개인과 조직도 있지만, 한편으로는 지역에 공급되는 예산을 달콤한 비즈니스라고 생각하고 노리는 하이에나 같은 컨설턴트도 많다.

애초에 지역주민이 스스로 계획을 짜고 사업을 세워 산업을 형성하여 움직이는 것이 기본이다. 혹시 할 수 있는 사람이 없다면 가능하게 될 때까지 교육투자를 해야 한다.

메이지 시대에도 이와쿠라 도모미(岩倉 具視)*는 해외를 견학하며 식견, 기술, 인맥을 쌓아 올리려 노력했다. 그래도 외부의 힘이 필요

---

*이와쿠라 도모미는 에도 시대 관료이자 메이지 시대 정치가이다. (역주)

할 때는 홋카이도 개척처럼 농업학교를 만들어 미국에서 기술자를 단기적으로 고액을 지급하며 데려와서 청년들에게 교육훈련을 시켜 인재 개발을 했다. 즉 모두 외주를 주고 시킨다면 지역은 아무것도 알지 못하는 사람만 남게 되고 외지인과의 소통조차 불가능해지고 만다.

받으러 가는 사람도 문제, 맡기는 사람도 문제

앞으로 코로나19 쇼크에서 벗어나 경제를 회복할 수 있을까. 이 것은 정말 중요한 과제이지만 이때 지역이 정말 조심해야만 하는 것이 있다. 그것은 '신형 코로나 바이러스 감염증 대응 지방창생 임시교부금' 등 국가에서 코로나19 대책으로 지역에 배부하는 자유도 높은 자금의 활용 문제이다.

2020년 4월 22일 결정된 1조 엔의 '신형 코로나 바이러스 감염증 대응 지방창생 임시교부금'(1차 추경예산)은 그 뒤에 전국 광역단체장 회의의 요청으로 6월 12일 2조 엔을 증액하여 2차 추경예산으로 결정되었다. 모두 3조 엔의 교부금이 지역에 쓰이게 된 것이다.

이 거액의 활용을 둘러싸고 도쿄의 컨설팅 회사 등으로부터 "제안하고 싶은 것이 있으니 시간을 달라"라는 연락이 전국 지자체 관계자에게 쏟아지고 있다. 지역의 재량으로 쓸 수 있는 자금이 있는 것을 잘 알고 있어서다. 영업하려는 쪽도 문제지만 제안을 듣고 돈을 내려고 하는, 즉 외주에만 의존하는 지역도 똑같이 문제다.

"해본 일이 없는 것은 누구도 할 수 없다"라는 환상과 "할 수 없는 것은 외주 주면 된다"라는 환상이 결합하여 지역은 스스로 생각하려고 노력하지 않게 되었으며, 또 그것을 이용하려는 악질적인 외지인이 있는 것이다.

외주에만 의존하면
결과물 평가조차 할 수 없게 된다

지역의 여러 업무의 문제점은 계획도 외주, 개발도 외주, 운영도 외주라는 외주 제일주의에 빠져 있다는 것이다. 지역재생정책을 시작했을 때 사실상 전략의 대부분이 외주로 진행되었다. 계획뿐만 아니라 개별 사업도 컨설팅 업체에 맡겨졌다. 사람에게 맡기는 계획과 사업을 아무리 PDCA 사이클*로 관리해봐야 헛수고인 상태이다.

이주정주 캠페인을 해달라고, 지역 홍보 동영상을 만들어 유튜브에 올려 조회 수를 늘려달라고, 고향납세를 좀 더 많이 모을 수 있게 기획해달라고 외주를 준다. 외주는 다음이 없다. 오로지 외주, 외주, 외주일 뿐이다.

도쿄의 컨설팅 회사들도 전국 방방곡곡의 실정을 상세히 파악하지 않고 지역 요청에 따라 응하고 있다. 모처럼 도쿄에서 배부된 세금이 지역의 '무조건 외주'를 통해 다시 도쿄로 환류하고 있다. 게다

---

*PDCA는 Plan(계획)-Do(실행)-Check(평가)-Act(개선)의 4단계를 반복하며 업무를 지속해서 개선하는 방식이다. (역주)

가 지역은 그 적당한 계획을 그대로 받아들여 실패를 거듭하며 쇠퇴를 가속한다. 그런 악순환이 계속 이어지는 중이다.

외주 제일주의로 빼앗기는 지역의 세 가지 능력

지역의 외주 제일주의와 거기에 몰려드는 컨설팅의 악순환은 지역에서 세 가지 능력을 빼앗는다.

① 집행 능력을 상실하여 스스로 아무것도 할 수 없다

외주를 주면 스스로 기획을 생각하거나 실행하는 능력이 상실된다. 결국 모든 것을 외주를 주어야만 하는 상황이 되어 기동력도 약해지고, 계획 변경조차 외주처와 협의하거나 때로는 추가예산까지 필요하게 된다. 1년 단위로 집행되는 행정예산 구조 속에서는 도중에 잘 진행되지 않는다는 것을 알면서도 고집스럽게 계획대로 진행하는 것만 집착하게 되어버린다.

② 판단 능력을 상실한다

스스로 실행해보고 나서 일부만 외주 주는 것이 좋은데 무엇을 할까 하는 것조차 외주를 주니 아무것도 알지 못하게 되어버린다. 그래서 업무 내용을 설계하는 것조차도 외주에 맡기게 된다. 또한 외주 결과물의 장단점을 판단하는 능력도 사라진다. '이름뿐인 컨설팅'이 여기저기에서 계속 일감으로 생기는 이유가 바로 이런 것 때문이다.

기존의 탄탄한 사업에서는 외주를 주어도 견적의 정당성과 품질을 판단하고, 기술개발 능력 유지를 위해 소규모로 자회사를 유지한다. 이와 같은 판단 능력이 있으면 외주를 잘 사용할 수 있다.

③ 경제적 자립 능력이 없어져 돈이 떨어지고 친구도 떨어져 나간다

외주 제일주의의 최악은 매년 '말하는 대로 비용이 든다'는 것이다. 스스로 집행할 수 없고 판단조차 할 수 없으므로 정작 중요할 때 "그렇다면 우리가 알아서 할게요"라고 말할 수조차 없게 된다.

무엇을 하든지 예산, 예산 문제라고 하지만 늘 사업에 실패하니 돈도 떨어진다. 돈이 떨어지면 인연도 떨어져 나간다. 외주처였을 때에는 상담을 들어주던 기업도 "돈이 없으면 일을 할 수 없습니다"라며 사라져 버린다. 그래도 어찌할 방도가 없게 된다. 그러면 지역은 어떻게 하면 좋을까.

외주 의존 위험성을 방지하기 위해서라도 자기분담사업을 일정 비율로 남기자

답은 외주보다 인재에 투자하는 것이다. 당사자인 지역주민들이 지식과 경험을 축적하여 독자적으로 행동할 수 있도록 지원하는 것이 무엇보다 중요하다. 특히 다른 지역 사례를 조사했다면 실제로 그 지역을 찾아가 실태를 세세하게 조사하고 리포트를 작성해야 한다. 업자에게 조사를 맡기고 "어떻게 하면 좋을까요"라며 판단까지 맡기고 모르는 것을 그대로 받아들여 실행하는 것만큼 무서운 것은 없다.

리포트 작성에 거액의 예산을 들일 예정이라면 (외부에 맡길 것이 아니라) 행정에서는 내부 직원에게, 기업은 사내 직원에게 조사하게 하여 스스로 고민하는 과정을 습득할 수 있도록 하는 것이 더 낫다. 즉 연수 예산을 통해 인재에게 투자하여 '스스로 생각하는 힘'이 몸에 배게끔 해야 한다.

앞서 소개한 이와테현 시와정의 워크숍*과 PEI의 사양서 책정에서 외주가 아닌 직접 내부 직원을 연수하게 하는 방식은 정말 지역이 해야만 하는 방식이다. 그렇게 했기 때문에 오걸 프로젝트 등 민관 연대의 복잡한 사업을 실현할 수 있었다.

수십 년 전의 통합계획 등은 지자체 직원과 지역 전문가, 미디어가 스스로 모여 만든 것이기 때문에 투명한 것이 많다. 마을의 작은 공중화장실 같은 공공건축도 행정 기사가 스스로 설계하여 만들어 홀륭한 모습으로 전국 각지에 남아 있기도 하다. 외주 관리가 아닌 지역 스스로 독자성을 만든 것들이다. 지방자치 시대에는 권한이 확대되어야 함에도 외주에만 의존하는 업무수행 방법과 전문성을 훼손

---

*시와정 사례는 2장의 '1. 나랏돈이 지역을 살린다, 정말일까'에서 소개했다. (역주)

하는 순환근무 등이 만연해 있다. 이런 폐단을 확실하게 고쳐야 할 때가 왔다.

우선 지역 스스로 '외주 의존 디톡스 계획'을 세우는 것이 첫걸음이다. 지역에 '하이에나처럼 전화를 걸어 영업하는 컨설팅 업체'는 필요 없다. 원래 그런 식으로 전화 걸어서 영업하는 컨설팅 업체는 한가한 삼류들이다. 실적 있고 실력 있는 사람들은 항상 일이 많기 때문이다. 한가한 직원이 있는 컨설팅 업체는 유무명에 관계없이 제대로 된 곳이 없다.

처음부터 모든 것을 알 수는 없지만 그래도 지역 행정과 민간이 지금부터라도 스스로 시작해야 한다. 그런 도전이 쓸모없게 된다고 하더라도 본래 지역에 배부하는 목적으로 만들어진 교부금의 역할이 제대로 실현되는 것이니까 그 자체로 좋은 것이다. 스스로 생각해서 한 후에 실패하더라도 정확하게 반성한다면 그다음 사업을 이어서 추진할 수 있다.

4. 외지인을 희생양으로 삼지 않기 위해 필요한 것

지역에 새로운 외지인을 불러들인다는 목표로 지역부흥협력대 제도가 널리 활용되고 있다. 나도 10년 전쯤에 이 제도가 실행된 때부터 매년 다양한 사례를 들었다. 지금은 대원의 수가 늘어나 어느 지

마을 만들기 환상

역에 가도 협력대원을 볼 수 있다.

이 제도는 총무성 교부금에 의한 금전적 지원이 100%이기 때문에 지자체는 비용 부담 없이 3년간 외부에서 이주자를 받아들여 급여를 지급할 수 있다. 인력 부족에 시달려 쇠퇴가 심해지는 지역을 외부 청년을 받아들여 활성화하고자 하는 것이다.

총무성에 의하면 2019년 전국 1,071개 지자체(2018년 1,061개 지자체에서 10개 증가)가 지역부흥협력대를 받아들여 대원 수는 5,349명(2018년 5,359명에서 10명 감소)에 이른다. 이 제도 시행 초기에는 매우 소규모 사업이었지만 지금은 5,000명이 넘는 사람들이 전국 각지에 이주하여 활동하고 있다.

규모가 크다고 모두 잘되는 것은 아니다. 그리고 지역 과제를 함께 치열하게 고민하는 협력대원도 많다. 특히 이 제도는 한시적이기 때문에 3년 내에 그 지역에서 자활할 수 있는 경제력을 가져야 한다. 취직이나 창업을 해야 한다는 이야기인데, 정작 쇠퇴지역에서 눈에 띄는 기회를 찾기란 어렵다. 여기에 지자체들도 지역에서 벌이를 늘리고자 하므로 지역부흥협력대원을 대상으로 창업지원을 적극적으로 늘리고 있다. 그러나 원래 지역에 자산과 신용을 가지고 있는 사람조차도 어려운 상황에서 지역에 아무 자산도 없는 사람이 사업을 한다는 것은 매우 어려운 일이다.

나도 그런 입장이었기 때문에 잘 알고 있지만 지역에 도착하면 결국은 외지인이다. 그런 곳에서 함께 무슨 일을 하여 대가를 얻는다는 것은 그렇게 간단치 않다. 앞서 설명한 것처럼 외지인인 내가 모든 이익을 가진다면 지역은 더욱 약해질 것이다. 새로운 지역 수입을 만들어 거기에서 수고비를 받아 자신의 사업에 쓰거나 회사를 설립하는 것은 매우 어렵다.

나는 고등학교 1학년부터 도쿄 와세다의 작은 상가에서 2년간 지역활동을 했다. 그러나 그때는 어디까지나 봉사활동이었다. 그 후 3학년이 되어 처음으로 회사를 함께 설립하면서 본격적으로 지역사업을 전개했고 전국 각지의 지역 분들과 일하기 시작했다. 그러나 초기 3년 동안 변변한 임금을 받지 못할 정도로 우왕좌왕했다. 내가 미숙해서이기도 했지만 일반적으로 쇠퇴지역에 들어가 3년 만에 자신의 스타일을 확립하고 지역에서 벌이를 만들어 자신의 경제기반을 만들어내는 것은 결코 쉬운 일이 아니다.

솜씨를 지켜보는 지역,
모든 게 서투른 인력으로는 성공하지 못한다

지역부흥협력대원을 외지에서 불러들여 지역에 새로운 가능성을 만들 때 대원만 문제에 직면하는 것은 아니다. 지역주민도 인연도 연고도 없는 사람을 받아들여야 한다는 문제가 있다. 즉 단순히 외지에서 사람을 불러들이는 것만으로 '지역 살리기'가 성공한다는 것은 환상이다. 수 명, 수십 명 지역부흥협력대원을 지역에 투입하는 것으로 현재 급속히 진행되는 인구감소 문제를 해결하는 것은 불가능하다. 이런 변화의 기회 속에서 대원, 지역주민, 지자체 관계자가 삼위

일체로 협력관계를 구축해야 한다는 것이 시험대에 올려져 있다.

그런데도 지역에서는 외지 청년에게 "어디 솜씨 좀 보자"라는 투의 재는 반응을 보이거나 혹시 그 대원이 성공이라도 하면 "외지에서 온 주제에…"라며 비아냥거리기도 한다.

니노미야 손토쿠는 에도 시대에 폐촌 직전의 마을에 사람을 유치할 때 그 사람들에게 좋은 집과 농기구를 주고 열심히 일하게 했다. 그것을 시기한 주민도 많았지만 다음과 같이 말했다고 한다.

"다른 곳에 살던 사람이 일면식도 없는 마을에 갑자기 들어와서 밭 하나 가지지 못하고 도전하면 당연히 힘들다. 이들이 힘들여 정진할 수 있는 환경을 우선 마련해주는 게 중요하다."

지자체에서도 이런 말을 받아들여 돈을 주며 외지 사람을 모으는 것이겠지만 준비도 하지 않고 지원자를 함부로 모집하여 지역에 투입한 채 방치하는 곳이 많다. 그러면 어떤 사람이 와도 성공할 수 없다.

줄 수 있는 일을 찾지 못하고 행정기관에서 봉투에 서류 넣는 일을 시킨다든지 방치해놓고 다른 지역으로 이동하지 못하게 한다든지 하는 조건을 내건 곳도 있다. 점점 아비규환 상태이다.

적합한 기능을 할 수 있는 성실한 대원도 있지만, 국내판 워킹 홀리데이라는 정도의 감각만 갖고 오는 대원도 있다. '지역 살리기'가 아니라 '자신 찾기'가 목적이라는 모순도 보인다. 3년간 급여를 받으면서 좋아하는 일을 할 수 있다고 듣고 왔다면서 지역에 별로 관계없는 일을 하는 사람도 있다. 또한 지역에서 무언가 구체적으로 만들기보다는 어디까지나 급료 받는 것만 목표라서 그냥 적당히 있다가 3년 임기가 끝나면 다른 지역 지역부흥협력대로 다시 지원하는 '메뚜기 방식'을 취하는 사람도 있다. 제도상의 문제는 없지만 외지인에게도 문제가 있는 것이 사실인 상황이다.

모집하는 쪽과 외지인의 상호 매칭이 정교하게 이루어지지 않으면 그저 잠시 이런저런 숫자를 늘린 정도에서 끝나고 마는 것이다.

외지인을 불러들인 후의 유의사항

지역부흥협력대 등 외지인을 부른 지역은 다음의 사항에 특히 유의해야 한다. 그렇지 않으면 터무니없는 사람이 외부에서 올 수도 있고 좋은 사람이 왔다 해도 적절하게 활용할 수 없다.

① 전국에서 모두 일률적으로 겸업을 허용해야 한다

지역에서 3년 후에 창업하거나 취직한다 해도 3년 업무 기간에 준비할 수밖에 없다. 따라서 반드시 겸업을 허용해야 한다. 현재 전국 차원에서 이러한 방침을 시행하려는 움직임이 있지만 지역 현장까지도 시행되도록 해야 한다.

② 재능이 있는 사람을 우선 채용해야 한다

지역산업에 필요한 것은 아무래도 특기가 있는 사람이다. 지역에서도 어떤 기능이 필요한가에 대해 구체적으로 파악하고 있어야 한다. 단순히 대졸, 운전면허증만으로는 지역에서 바로 활용하기 어렵다.

③ 구체적 사업 일정을 수립하고 사람을 찾아야 한다

지역에서 사람을 모집할 때는 구체적 사업 하나 정도는 준비하고 사람을 찾아야 한다. '무엇이든 좋아요', '인력이 부족한 곳의 일을 해주세요'라는 식의 주문만으로는 새로운 벌이를 만들거나 지역의 매력을 만들 수 있는 좋은 사람이 올 리 없다.

④ 지역부흥협력대와 지역의 민간 멘토 간 상호 관리가 필요하다

국가 교부금을 활용한 지자체 지원제도를 통해 성과를 내기 위해서는 민간 존재도 중요하다. 지자체 직원의 창업은 원칙적으로는 지원할 수도 없다. 따라서 지역에서 성과를 올리는 민간 사업자를 멘토로 연결하여야 한다. 또한 이는 지자체 담당 직원이 얼마나 민간과 연결되어 있는가를 알아볼 기회이기도 하다.

⑤ 마을 지원 업무를 분리해야 한다

지역부흥협력대원을 마을 지원인 정도로 취급하면 안 된다. 마을 지원도 중요하지만 매일 경차를 타고 고령자가 사는 곳을 도는 것은 지역 살리기가 아니다. 미션과 성과 내용을 정확하게 준비하여 모집해야 한다.

한편, 지역에 들어오는 외지인은 이런 점에 관해 지역주민과 착실히 이야기해봐야 한다. 형식적으로 '좋은 지역'이라는 홍보에 그냥 선택할 것이 아니라 사전에 현지에 가서 확인해보는 것이 좋다. 악의는 없지만 준비가 안 된 지역이 있을 수도 있다. 그렇게 되면 회사를 그만두고 그 지역에 가서 그런 사정을 깨닫게 되어도 이미 늦다.

미리 그 지역에 들어가 생활하는 사람을 만나볼 필요도 있다. 지역부흥협력대나 이주와 정주를 통해 착실히 성과를 올리는 사람, 멋진 라이프 스타일을 보내고 있는 사람은 반드시 있게 마련이다. 누구도 없다고 하면 초심자에게는 그 지역을 추천하기 어렵다. 지역에서 활동하는 것은 이런 확인 과정을 거친 다음에 해도 전혀 늦지 않다.

5. 자기희생적인 지역사업을 그만두자

외지인은 지역에서 창업이나 사업재생을 다양하게 기대하지만 실상을 들여다보면 행정예산에 과도하게 의존하거나 무리한 내용으로 자기희생을 강요하는 경우도 많다. 사업계획 공모전에 지원할 수 있는 정도의 여유가 있다면 빨리 시제품을 만들어 세상에 내놓는 것이 차라리 그 실수요를 파악할 수 있고 조금이라도 매출이 오를 수 있는 방식이다. 그러나 공모전에서 훌륭한 발표를 한다 해도 매출은 제로인 경우가 많다. 그런데도 함부로 예산을 받아서 하지 말아야 할 돈 드는 사업을 무모하게 시작하는 경우가 있다.

지역사업도 마찬가지다. 처음부터 무리한 조건을 강요당하며 그 속에서 온갖 고생을 한 후에 "어떻게 하면 좋을까요"라고 상담하는 사람이 있다. 그렇다면 우선 그만두고 생각을 바꾸는 편이 낫다.

돈 없다고 말하는 사람이
꼭 돈 드는 사업을 하고 싶어 한다

지역에서 사업을 벌일 때에 "앞장설 사람이 없다"라는 소리를 종종 한다. "돈 있어야 사업이 성공한다"라는 환상을 가지고선 돈 없으니 할 수 없다고 말하는 것이다. 그것은 정말 환상, 착각이다.

물론 돈이 있으면 간단하게 할 수 있는 일도 있다. 그러나 돈이 있다고 처음부터 펑펑 써버린다면 나중에 그만큼 벌어들이는 것은 큰일이다.

멋진 레스토랑에서 투자 회수를 하는 것보다 작은 점포에서 군고구마를 겨울에만 파는 것이 규모는 작지만 투자 회수는 바로 된다. 돈이 없다면 없는 형편에 맞는 계획을 설계하여 누구보다 빨리 투자 회수를 할 수 있는 수완을 생각하면 된다. 또한 무엇보다 스스로 할 수 있는 도전을 시작해 목표를 달성하면 그 후에 지인이나 은행의 투자융자를 받을 수 있다. 아무것도 하지 않는 사람이 "돈 있다면" 따위의 말을 해대니 겁나서 투자도 융자도 안 하는 것이다.

돈이 없다고 말하는 사람에게 갑자기 대규모 빌딩을 리모델링하여 호텔을 해보라는 둥 고객이 확보되지도 않았는데 대규모 주방 설비를 갖추라는 둥 마을의 역사적 건물을 다루는 설비투자 사업에 도전하라는 사람이 꽤 많다. 거기에는 그만한 수리 비용이 드는데도 말이다.

돈이 없다고 말하는 사람이 돈 드는 사업을 시작하려는 것 자체가 문제다. 돈이 없다면 없는 대로 도전할 방법을 찾아야 한다.

나는 지역에서는 일을 시작할 때 다음과 같은 사항에 유의하면서 사업에 착수한다.

사업을 처음 시작할 때의 네 가지 원칙

① 빚을 지며 설비투자를 하지 말 것

대출이나 투자를 통해 설비투자를 동반한 사업을 시작하는 것은 너무 위험하다. 예를 들어 자주 지역에서 시도하는 게스트하우스 등의 숙박 비즈니스는 많은 사람이 참여하고 있는 시장이기 때문에 갑자기 뛰어들어 형편없는 시설을 만들면 아무도 거들떠보지 않기 일쑤다. 그렇다고 품질 수준에 맞게 싼 숙박료로 영업하면 투자 회수 기간이 길어져 수익 창출이 어렵다. 설비를 갖추기 전에 할 수 있는 것은 얼마든지 있다. 숙박 시설이 전국에 증가하고 있는 지금은 차라리 액티비티 중심 비즈니스에 주력하는 쪽이 더 낫다.

② 재고가 없을 것

특산품 개발에 재고가 있는 것은 난센스이다. '상품에서 비용으로'

라고 말하는 시대에 갑자기 재고를 안고 있는 기획부터 시작하면 반드시 망한다. 대신, 스스로 가진 기능을 살려 정기적으로 열리는 작은 장터에서 우선 판매해보는 방안도 있다. 그런데도 예년 사업성과를 기준으로 재고를 가지고 있으려는 사업자가 너무 많다. 최소한 시험 판매부터 시작하고 본격적으로 판매해도 늦지 않다.

③ 수익률이 높을 것(80% 정도)

판매 방식에서 '처음은 싸게, 다음에는 비싸게'라는 선택지는 있을 수 없다. 처음부터 비싼 것은 비싼 것이고 싼 것은 언제까지나 싸다. 따라서 제조공정에서 자신만이 할 수 있는 기술을 제공함으로써 부가가치를 높여 수익률 높은 상품을 판매해야 한다. 그렇게 되면 판매 수량과 판매량에 집착하지 않고도 많은 이익을 거둘 수 있다.

일반적인 소매라면 수익률이 20-30%로 낮은 경우가 많지만 실제로는 수익률 80%를 확보할 수 있는 것에 공을 들여야 한다. 어디에서든 살 수 있고 오리지널리티가 없는 것을 팔아서는 안 된다. 대기업 체인에게는 어떻게 해도 판매력으로 이길 수 없기 때문이다.

④ 영업 경로가 명확할 것

의외로 소홀히 하는 것이 영업이다. 투자는 분명하게 "누구에게 어떤 형태로 영업하고 월에 어느 정도 수입을 얻을 수 있을까"를 정한 뒤에 하는 것이 철칙이다.

그런데 투자하여 재고를 떠안아 가면서 수익도 낮은 판매를 시작했음에도 불구하고 거래처가 애매하거나 자칫하면 거래처가 없어져 눈 감고 운전하는 것과 같은 상황에 처하는 사례가 많다. 그렇게 하면 성공 확률이 낮아지는 것도 당연하다.

비즈니스 분야에서는 당연한 일을 '지역이니까'라며 이상하게 시작하기 때문에 성과가 없는 것이다. 투자가 한정적이고 재고 없이 이익률이 높아 정기과금이 가능한 사업을 확실히 한다면 기반을 만들 수 있다. 그리 어렵게 생각할 일이 아니다.

우선 자기 자금으로 작게 바로 시작할 수 있는 사업에 착수하는 것이 시작이다. 예를 들어 지역에 가서 밭을 빌릴 수 있다면 자신이 도시에서 살 때의 친구들과 친척에게 산지 직송으로 작물을 매월 정기과금으로 판매하는 것으로도 기반 수입을 확보할 수 있다.

작은 사업을 서서히 키워 일정 성과를 올려 신용이 생기면 지역 금융기관도 다음 사업에 융자해주기도 하고 동료로부터도 자금을 모으기 쉽다. 그런데도 어떠한 실적도 없는 지역에서 처음으로 사업을 시작하려고 하면서 큰 사업을 구상하고 "금융기관이 돈을 빌려주지 않는다"라며 푸념하고 결국 행정기관의 보조금 의존 사업에 손을 대고 마는 사람이 있다. 이렇게 하면 아무것도 안 된다.

보조금을 활용하면 상품서비스 개선 및 고객과 커뮤니케이션에 써야 할 시간의 대부분을 자료 만들기, 보고서 작성 등의 쓸데없는 데 허비하게 된다. 단기적으로는 돈이 들어오지만 중장기적으로는 다음 예산이 들어갈 일이 천지가 된다. 중요한 것은 받는 돈보다 버는 돈이다. 이는 개별 사업이나 지역 전체 사업에서도 마찬가지다.

무엇보다도 영업, 거래처 방문하기가 중요하다. 그러나 의외로 이 것을 할 수 있는 사람이 적다. 새로운 프로젝트를 기획할 때는 항상 '예상 수익 계산', '거래처를 확보하기 위한 영업'이 필수다. 우선 영업 하고 고객이 보이는 상황에서 사업을 시작해야 한다. 즉 투자하기 전에 영업해야 한다.

크라우드 펀딩으로 착각의 늪에 빠지는 경우도 많다. 사업 개시 는 반드시 주변 사람들에게 리얼한 속도로 해야 하는데 크라우드 펀딩을 하면 모르는 사람이 "아 이거, 많은 사람이 서포트하는 것이 재미있네"라는 상황만 만들어진다.

또한 카페를 하고 싶다면 우선 주말 마켓 같은 곳에서 시험 삼아 커피 부스라도 해보는 게 좋다. 거기에서 고정 고객을 확보할 수 있 으면 그다음에 고정비가 드는 실제 점포를 여는 식으로 해야 한다. 그게 급하게 개업하는 것보다는 실패의 확률을 극적으로 줄여주는 방식이다.

리노베이션한 공유 점포를 만드는 작업도 같은 원리다. 입점 사업 자를 모집 선발하여 임대료를 정해 가계약을 끝내고 그들의 의견도 들어가면서 마지막에 내부 인테리어 등에 투자해야 한다. 이렇게 하 면 예상한 임대 수입에서 전체 투자비 회수 계획을 세우기 쉽고 먼저 공사하는 것보다 내부 인테리어도 입주자 맞춤으로 할 수 있다. 그 러나 실제로는 먼저 투자하고 공사를 끝낸 후 영업하는 흐름이 되 어버리는 경우가 많다.

희생자 정신으로는 아무것도 해결하지 못한다

흑자 사업을 만들고 게다가 지역 전체를 잘되게 하기 위한 사업을 만들어가는 것은 매우 중요하다. 그러나 무리한 모델의 희생자가 자신이 된다는 것은 다른 이야기이다. 어떻게 해도 '참고 견디면 언젠가 성과가 생긴다'는 환상을 가지고 있는 사람이 지금도 있다.

처음에는 어렵더라도 폭발적으로 수요가 증가하여 어느새 잘되는 일도 있지만 지금 지역 프로젝트에 있어서 처음에 실패한 사람이 그대로 참고 언젠가 잘되는 일은 99% 불가능하다. 상태가 안 좋은 조직에 소속된 때도 마찬가지다.

그 망할 희생자 정신, 즉 사람을 그대로 방치한 채 어떻게든 허망한 가치를 추구하는 미학을 찾아내려는 사람을 지금까지 많이 보았다. 그중에는 처음부터 "그건 무리한 게임이야. 원래부터 당신 정말로 하고 싶은 마음이 있었던 거야?"라는 말을 던지고픈 프로젝트도 있었다.

그 난제에 이상하게 사람들은 달아오른다. 잔재주로 뭔가 일이 되는 경우는 없다. 생각했던 것보다 맞지 않는 일을 끝까지 하다가 피폐해져서 몸이 상하거나 정신이 이상해지는 사람도 있다. 정말 불행한 일이다.

어떤 동네에 있는 식품 가공 직판센터의 재생 프로젝트가 설립되었을 때 일이다. 경영이 기울고 있어서 그 재건에 민간인을 초빙하게 되었다. 채용된 사람은 예전에 1억 엔 정도였던 매출이 6,000만 엔으로 줄어드는 상황에도 불구하고 '매년 10%씩 매출을 개선한다'는 것을 바라고 있었다.

그러나 실제로 추진 과정에서는 보조금에 의지해 영업 노력 따위는 전혀 하지 않았고, 리더는 "돈이 없으니 행정 지원을 받아야만 한다"라는 말만 반복했다. 일하는 사람도 할머니들뿐이니 연금 받는 사람을 시간제로 고용하는 것이어서 당연히 무리한 일이었다.

그런 상황에서 새로 채용된 민간인 1명의 힘만으로는 아무것도 되지 않았다. 사람도 줄고 경쟁도 격화되는 환경에서 벌려는 의지 없는 리더와 일하려는 의지 없는 종업원을 그대로 둔 채 매년 10%의 매출 개선이 이루어질 리 만무했다.

모처럼 그 상황이 되었으니 '어떻게든 하고 싶다'는 마음은 알겠지만 귀중한 인생의 시간을 허비하며, 연줄도 연고도 없다고 말하며 진심으로 현상을 바꾸려는 마음도 없는 조직에서 분투하는 것은 너무나도 비참한 일이다. 혹시 그 지역을 어떻게든 하고 싶다면 그 조직에서 희생자가 되는 것보다 다른 조직을 설립하여 이익이 제대로 나오게 사업을 운영하는 모습을 보여주는 쪽이 차라리 더 낫지 않을까.

조직 유지만 목표로 하여 '시스템' 희생자를 만들 것이 아니라 무리라고 생각하는 것은 최선을 다해 회피하고 어떻든 성과를 내기 위한 시책에 힘을 써야 한다.

이처럼 '외부인'을 받아들일 때는 지역에서 그에 상응하는 준비가 필요하다. 또한 들어온 '외부인'도 지역공헌에 대한 긍지는 가지되어쩔 수 없는 때에는 결단할 필요가 있다. 환상을 좇아가면 지역의 준비도 외부인의 사전 조사도 그저 그런 상태로 쌍방에 있어서 유감스러운 결과가 되어버린다. 환상을 떨쳐버리고 확실하게 현실과 마주하여 지역과 '외부인'의 양호한 관계를 구축하는 일이 중요하다.

마을 만들기 환상

제5장

마을 만들기 환상을
떨쳐내자

지역에서 착각을 불러일으키는 '마을 만들기 환상'.

이 책에서 말한 '환상'의 대부분은 '오래된 과거의 상식'이기도 하고, '원래 잘못된 소문' 혹은 '그렇게 되기를 바란다는 소망'이기도 했다. 무언가로부터 책임을 회피하고 싶을 때, 힘든 상황을 타개하는 시나리오를 생각할 때 등 스트레스를 받으면 사람은 환상에 매달리고 싶어 한다.

그러나 환상은 어디까지나 지금 시대의 현실이 아니다. 현실과 환상의 괴리가 프로젝트 실패를 이끌고 지역에서 사람을 배척해버려 지역을 더 힘든 상황에 빠지게 한다. 환상과 현실을 혼동하지 말아야 한다. 이는 지역 프로젝트에서 매우 중요하다. 이 사실만 정확히 인지하고 있으면 판단도 정확해지고 사람·물건·돈이 모여 사업으로 발전할 수 있다.

'마을 만들기 환상'은 항상 우리들 속에 있다

'마을 만들기 환상'은 누가 준 것이 아니라 항상 우리들 속에 있다. 타인 탓을 해도 소용없다. 그러므로 '내가 공유하는 상식, 이해, 소문과 희망스러운 관측이 환상이 아닐까' 하고 항상 되물을 필요가 있다. 그처럼 근본을 고치지 않고 잔재주만 부려서는 아무것도 되지 않는다.

대부분 지역은 "그렇게 말하면 이익은커녕 본전도 까먹는다"라며 새로운 시도를 하지 않고 과거의 계획을 추진해버리고 만다. 책임지고 싶지 않은 의사결정권자와 "모두의 생각이 그렇다면 그렇게 합시다"라는 개인이 모인 집단은 착각을 인정하지 않고 철수도 못 하고 그냥저냥 사업을 이끌어가 버린다. 그렇게 미뤄두면 누군가 어떻게 해줄 것이라는 환상이 있는 것이다.

그러나 틀린 일을 계속하면 "원래 이렇게 하는 거야"라는 어리석은 이해가 퍼져 더는 '그만둘 수 없고 멈출 수 없는' 세계로 빠져들어 간다. 이 책에 소개한 홋카이도 유바리가 그 전형적 사례이다. 잘못을 밝히면 내 입장이 곤란해질까, 선배들에게 책임을 물을지도 모른다며 조직 차원에서 잘못을 몽땅 은폐하는 것이다. 그렇게 유바리는 폭주 기관차처럼 파탄에 이르게 되었다. 그 모든 부담은 지금의 세대가 지불한다.

그저 겉으로만 좋아 보이는 정보를 믿고 누구에게도 미움받고 싶지 않다는 것을 심정적으로는 어느 정도 이해할 수 있지만, 그로 인해 우리 후손의 미래가 사라지고 만다. 따라서 어떻게 행동할 것인가는 우리들 자신에게 달려 있다.

앞을 내다보는 지역은 '과거의 환상'이 아니라 '미래의 꿈'을 보고 있다

앞을 내다보는 지역과 그렇지 않은 지역의 압도적인 차이는 이야기를 들으면 바로 알 수 있다.

환상에 연연하여 정체하는 지역에 가면 바로 알 수 있는 것은 이야기 대부분이 '옛날이야기'라는 것이다. "옛날에는 화물선이 있어서 숙박지로 번성했다", "메이지 유신 이후 공업화 중심지로 번성했다", "자동차 없던 시대부터 근처에 살면서 장사가 잘됐다" 등등 과거 이야기만 해댄다. 그중에는 고분, 구석기 시대까지 거슬러 올라가는 경우도 있었다.

그러나 앞을 내다보는 지역주민은 압도적으로 '미래 이야기'를 한다. '우리들은 앞으로 어떻게 될까를 예상하며 그에 대해 무엇을 하고 있는가'를 이야기한다. 과거와 문제를 말하는 것은 간단한 것이지만 미래의 꿈을 말하는 것은 평소에 그런 이야기를 하는 사람이 아니면 어려운 일이다. 꿈에는 자신의 주체적인 생각이 담겨 있고 거기에 동기 부여가 없으면 전달되지 않는다. 미래의 꿈을 이야기하는 사람들은 어떻게든 그 실현을 위해 기회를 만들려고 한다. 즉 적절한 협력자를 형성하려고 꿈 이야기를 하는 것이다.

그들은 이미 계획을 실천하고 자신들이 돈을 들여 작은 팀을 형성하고 있다. 행정에도 이해자와 협력자가 있어 구체적으로 꿈을 실현하고 있다. 이런 지역에서는 인연과 연고가 없는 사람도 '뭔가 함께 해보고 싶다'는 기분이 든다.

결국 환상에 빠진 채 문제 지적과 불만만 말하는 지역에는 사람·물건·돈은 모이지 않고, 환상을 깨끗이 버리고 현실과 마주하고 미래를 향해 실천하는 지역에 사람·물건·돈이 모여든다.

2020년 가을에 방문한 효고현 다쓰노씨(龍野市) 다쓰노구역도 매우 재미있는 지역이다. 흰 간장 발상지, 소면 산지 그리고 가죽 산업으로 유명한 이 지역은 명사들이 만든 역사적 대형 목조건물이 많이 남아 있고, 최근에는 중요 전통 건축물 보존지구로도 지정되었다.

이것만으로는 전국 어디에나 있는 '옛날에 대단했던 자랑'밖에 없는 거리일 것이다. 그러나 이 마을은 자신들이 출자한 회사에서 사용하지 않는 역사적 건물을 매입하여 재생하고, 새로운 주인에게 매각하여 운용하는 등 이미 5년간 20건 이상의 재생 실적을 냈다. 그외에 파트너 회사에서 시행한 재생 건수까지 포함하면 상당히 높은 수준의 지역변화를 실천했다.

코로나19가 조금 차분해지던 시기에는 야외 프로그램 '마을 걷기 학습회'를 개최하여 전국에서 많은 사람이 참여했다. 민간이 출자한 마을 만들기 회사 엔요샤(緣葉社) 하타모토 고스케(畑本 康介) 대표의 유려한 설명에 참가자들은 몰입했다. 이 프로그램을 앞으로 더 어떻게 발전시킬까 하는 논의도 상당히 충실하게 이어지고 있다. 나는 그 모습을 보고 푹 빠져 사업 협력을 약속했다.

지역에 묻는 것은 지금 그리고 미래이다. 지금 대단하다고 평가받는 지역도 수년 전 수십 년 전에 꿈꾸고 도전한 사람이 있었기 때문에 그 성과가 나타난 것이다. 지역의 미래를 그리면서 지금 무엇을 해야 할까를 고민하며 행동하는 지역만이 전진할 수 있다.

매일 이루어지는 '개인'의 선택이 마을의 미래를 만든다

궁극적으로 지역의 미래는 개인행동이 축적되어 이루어진다. 이 책에서 지적했던 환상 문제도 책임 회피나 공부하지 않는 등 개인 문제에서 시작된 것이다. 집단의 문제 또한 원망 듣고 싶지 않고, 다른 것은 수용할 수 없다는 개인의식이 축적되어 압력이 형성되는 것이다. 누구의 탓도 아니다. 우리 각자의 의식과 행동이 모든 것을 형성한다. 환상에 빠지는 것은 개인이며 환상을 타파하는 것 또한 개인이다.

마지막 장에서는 지금까지 정리한 '환상'과 그것을 타파해온 지역 사례를 기초로 우리들이 '개인'으로서 할 수 있는 것을 앞서 제시한 다섯 종류의 속성에 기초하여 제시한다.

환상을 떨칠 수 있는 12개 실천

지역에서 형성되는 환상에는 너무 많은 요소가 있으므로 간략하게 행정 의사결정권자, 민간 의사결정권자, 행정기관, 기업과 지연조직* 등 다양한 집단 그리고 외부인 등 다섯 가지 속성으로 분류했다.

지역의 다섯 활동 주체

	관	민간
의사결정권자	①	③
집단	②	④

+   ⑤ 외부인

---

*지연조직은 주민자치회, 의용소방대, 학부모회 등 지역 내에서 의무적 공동체를 형성하여 활동하는 조직이다. 지역 내 다양한 조직의 종류와 특성에 대해서는 石山恒貴 著/編集. 2019.『地域とゆるくつながろう! サードプレイスと関係人口の時代』. 静岡新聞社.(조희정·윤정구 역. 2022.『로컬의 발견: 제3의 장소와 관계인구』. 서울: 더가능연구소) 참조. (역주)

1. 행정 의사결정권자: 기관과 지자체가 할 일

실천 1: 외주보다 직원 육성

지역에서 환상을 떨치기 위해 행정이 해야 할 역할은 매우 크다. 행정예산 활용뿐만 아니라 기초교육을 받은 인적 자원을 보유하고 있는 것이 지자체이기 때문이다.

지역 내에서 인재를 적재적소에 활용한다면 여러 과제를 해결할 수 있음에도 예산과 사업을 전제로 인재의 일할 동기를 끌어올리는 등 스킬업을 할 수 있는 계획적인 연수가 부족한 것이 현실이다. 계획에서 사업 집행까지를 단순히 외주만 주어서는 프로젝트가 성공할 리 없다. 거액의 예산이 있고 유명한 외부에 맡기면 그만이라는 환상에 빠져 있는 한 성과가 나오지 않는다.

환상에 조직이 일조하지 않도록 가능한 한 행정은 '자급자족주의(自前主義)'를 회복하고 위탁사업 같은 예산을 관리한 후에 인재 투자를 해야 한다. 동시에 통합계획 등 필요한 기본계획 등은 무조건 스스로 만들어야 한다. 도쿄의 외부 컨설팅에 맡겨 어디나 똑같은 것 같은 계획안을 조립한 보고서를 받는 것은 지역 미래를 그리기에 불충분하다. 젊은 직원들이 필요한 지식과 경험을 쌓게 하여 스스로 만들 수 있게 해야 한다.

실천 2: 지역 대상으로 교육투자

행정조직뿐만 아니라 지역에 대한 투자로서 교육은 매우 중요하다.

지금 일본 공교육 투자 문제의 본질은 1인당 교육 부문의 공적 지출이 OECD 최하위면서 실제 교육 지출은 OECD 평균보다 높은 이상한 구조라는 것이다. 즉 공적 지출이 아닌 가계소득과 개인 장학금과 같은 대출로 1인당 지출이 늘고 있다. 이렇게 되면 이미 미래는 없다.

일하는 세대가 사회보험 등으로 고령자연금을 부담하면서 다음 세대인 어린이들에 대한 투자도 동시에 해야 해서 힘들어할 때 가장 분기점이 되는 것이 1인당 교육 지출이다.

세계적으로도 교육이 충실한 지역에 거주하고자 하는 움직임이 있다. 미국 뉴저지주 웨스트필드의 중심부 재생은 우선 지역 공립학교 재생에서 시작했다. 마을 상업재생 프로젝트인데도 빈집 문제 개선과 교육 환경 개선으로써 교육을 목적으로 살고자 하는 사람들을 유치하여 상가를 발전시킨다는 시나리오를 구상한 것이다. 이 프로그램에 적극적으로 투자한 것이 대성공하여 지역 공립학교 교육 수준이 주 안에서도 최고 수준이 되었고 빈집에도 사람들이 돌아왔다. 그 후에 상가를 리노베이션하여 상업재생 목표를 달성했다.

요즘 같아서는 온라인 교육도 하나의 대안이다. 통신으로 배울 수 있는 독자적인 교육과정을 보유한 오키나와현 사이버통신고교·학교법인 가도가와 도완고학원(角川ドワンゴ)이 운영하는 N고*는

설립 4년 만에 학생 1만 5,000명 규모로 성장했다. 홋카이도에서도 수백 명의 학생이 입학할 정도로 다양한 지역에서 학생들이 오고 있다. 나는 N고의 지역연대 프로그램을 지원하고 있는데 학생들의 지역활성화에 관한 관심이 매우 높다.

무엇보다 지역 전체에서 건전한 의사결정을 민주적으로 하기 위해서는 최소한 어느 정도의 교육 수준을 갖춰야 한다. 행정에 의존하지 않고 의회가 잘 작동하기 위해 교육 수준을 끌어올리지 않으면 지역 문제를 스스로 생각하기 어렵다. 건전한 의회, 기능적 행정기구를 만들기 위해 지역 대상 교육투자는 매우 중요하다. 왜 (오래전에) 전국의 번(藩)**이 번교(지역학교)를 만들어 독자적인 교육을 해왔을까. 왜 지금도 나가오카번(長岡藩) 고메학표(米百俵)***를 높이 평가할까. 지자체는 국가에 맡기지 말고 지역 독자적인 교육에 투자해야 하는 시대이다.

실 천 3 : 수 익 창 출 을 목 표 로 하 는 행 정 기 관

'행정기관이 수익을 추구하는 것은 나쁘다'는 것도 환상이다.

의사결정권자야말로 경영자로서 눈을 뜰 때이다. 필요한 자금을 벌어들여 공공투자를 이어가지 않으면 안 된다. 벌이는 어디까지나

---

*N고는 네트워크 고등학교라는 의미이다(https://nnn.ed.jp/high_school_feature/n_high_school). (역주)
**번은 일본 전국시대의 행정단위이다. (역주)
***https://kome100.or.jp (역주)

수단이다.

국토교통성 조사에 의하면 일본 국내 부동산의 민간 보유는 470조 엔, 국가와 지자체가 보유한 공적 부동산은 570조 엔이다. 그 가운데 지역 공공단체가 보유한 공적 부동산은 420조 엔이 넘는다.

이제까지는 이 방대한 부동산을 세금으로만 유지해왔다. 이 중에 일부라도 운용 형태를 바꾸는 것만으로도 지역은 바뀐다. 지자체 의사결정권자는 경비가 드는 것을 구매하는 '거지 아저씨' 사상에서 벌어들이는 자산에 투자하는 '부자 아저씨' 사상으로 전환할 필요가 있다.

그리고 벌어들인 자금으로 지역에 필요한 공적 교육 지출과 저소득층을 지원하는 정책 예산을 책정해야 한다.

이미 지역 중심부에서는 공적 부동산을 활용하려는 움직임이 조금씩 일어나고 있다. 공원의 일부를 활용하여 카페와 가게를 열고 그것으로 공원 유지비를 충당하는 시스템도 확산하고 있다.

물론 벌이는 어디까지나 '수단'이다. 그러나 요즘 이런 벌이에 주목하는 일부 지자체 의사결정권자들은 민간기업 경영자 이상으로 벌어들이는 것만 집착하여 공공투자의 목적 자체를 외면하는 때도 있다. 행정기관이 수익을 추구하는 것은 나쁘다는 환상을 떨쳤다 해도 단순히 수익만 창출하면 그만이라는 극단적인 흐름도 있다. 이 역시 또 다른 환상인데 말이다.

행정 수입 창출 차원에서 훌륭한 입지의 공원에 높은 임대료를 낼 수 있고 실적이 높다는 이유만으로 어디나 체인점 카페를 유치해버리는 일도 있다. 체인점 본사에 지역 소비로 인한 수익을 송금하는 것만으로는 지역자본이 축적될 수 없다. 따라서 큰 지역경영 안목을 갖고 공적 부동산을 활용해야 한다.

원래 공적 서비스로 수익을 창출하는 방식은 메이지 시대부터 존재했다. 대표적인 예는 히비야공원(日比谷)이다. 당시에는 '공원'이라는 낯선 시설에 어떻게 세금부과를 할 것인가를 논의할 정도로 큰 예산을 투입하지는 않았다고 한다. 그 때문에 공원에 마쓰모토사쿠라(松本桜)와 같은 임대 음식점이 들어오고 그 과정에서 공회당과 야외음악당 등을 기부받았다고 한다. 공원에 있는 물놀이 시설도 원래 수익을 창출하여 공원 관리비를 충당하기 위한 것이었다고 한다.

행정기관이 수익을 창출할 수 있는 공공서비스를 시행한다는 것 자체가 새로운 일이 아니라는 말이다. 어떤 의미로는 전후의 풍요로운 시대에 이 능력이 퇴화한 것인지도 모른다. 행정 의사결정권자가 그렇게 전후에 일시적으로 형성된 환상에서 벗어나 미래를 향해 행동해야 하는 때가 왔다.

2. 행정조직: 이름을 걸고 일하기

직업상 나는 많은 지자체 공무원과 만난다. 공무원들에게는 내 주장이 엄하게 들릴 수도 있을 텐데 그러지 않고 진심으로 듣고 열심히 도전하는 공무원분들과 의논하는 경우가 많다. 도시경영 프로페서

널 스쿨에도 의욕적인 많은 지자체 공무원이 참여하는데 이들이 졸업 후에 스스로 도전하여 성과를 올리는 것을 보고 있으면 제약 많은 행정조직 속에 있는 사람이라도 충분히 활약할 수 있는 시대가 되었음을 실감한다.

지역발전을 지원하기 위해 공무원이 됐지만 행정에서는 아무것도 할 수 없다며 포기하기 전에 할 수 있는 것이 많다는 것을 알아야 한다.

실천 4: 관청 밖으로 나가 자신의 얼굴 찾기

여러 기획을 실현하고 성과를 올리는 공무원과 그렇지 않은 공무원의 결정적인 차이는 외부 자원이 다르다는 것이다. 물론 조직 내의 신뢰, 제도에 대한 지식은 기본이지만 먼저 무언가를 구체화하지 못하거나 지역주민의 협력을 받지 못하면 예산이 있어도 일이 진행되지 않는다.

그나마 예산도 한정된 요즘에는 자신이 말했을 때 협력할 지역 내외의 동료를 확실히 확보하지 못하면 큰 움직임을 만들 수 없다. 이 책의 앞부분에서도 강조한 것처럼 "무엇을 할까"보다 중요한 것은 "누구와 할까"이다. 이를 중요시하는 사람이 많다. 즉 얼마나 치밀하게 무엇을 하여도 조직 내외로부터 신뢰와 인정을 받지 못하면 움직일 수 있는 것은 아무것도 없다.

'공무원은 행정기관이라는 직장 내에서 일을 완결해야 한다'는 환상을 버릴 수 있는가로 상황은 크게 달라지는 것이다.

조직 내에서만 인간관계를 구축하여 지역 실정을 체감하지 못한다거나 집과 사무실만 왕복하고 외부 세계로 나가지 않는다거나 지역의 인기 상점이나 그 주인과도 소통이 없다는 식으로 오직 생활이 직장에서만 완결되면 큰 문제이다.

이렇게 되면 결과적으로는 예산을 놓고 입찰로 돈 받으러 오는 — 솔직히 말하면— 딱 그 수준의 민간과 소통하게 될 뿐이다. 어설프게 마을에 가서 '일을 달라는 민간'과 만나면 유착 관계라고 조직에서 의심받을 위험이 있으니 밖으로 나가지 않고 안에만 있는 악순환을 반복하게 된다. 이렇게 되면 행정예산을 악질적인 목적으로 사용하려는 민간에 포획되어 기동력이 한순간에 저하되어 버린다.

지역활성화사업으로 많은 예산을 들여도 내부활동 완결형 공무원들이 위험한 민간인에게 돈을 뿌린다면 결국 망해버린다. 그러고 나서 내부활동 완결형 공무원은 "우리에게 좋은 민간이 없다"라고 한탄만 한다. 없는 게 아니라 모르는 것이다.

훌륭한 프로젝트로 성과를 올리는 사람은 무엇을 하고 있을까. 시간을 내어 지역으로 간다. 배울 기회가 있으며 자비로 공부하러 간다. 그러면 점점 외부인과 만남도 이루어진다. 진심으로 움직이는 사람에게 민관 거리는 없어지고 한 사람의 인간으로서 '얼굴'이 만들어지는 것이다.

그러면 보이지 않던 자산이 점점 쌓여 일을 기획할 때 "당신이 한다면 도와줄게요"라고 하는 사람이 나타난다. 이렇게 되면 예산으로 사람을 모으는 것과는 전혀 다른 차원으로 좋은 프로젝트가 된다. 매일매일 쌓아온 그 사람의 '얼굴'에 의해 모두가 움직인다. 어떤 의미로는 값을 매길 수 없는(priceless) 매우 소중한 세계이다.

행정기관 내에서 일을 완결한다는 환상에서 벗어나려면 일단 움직이는 것이 중요하다. 이런 사실을 당연하게 여기다 보면 하나라도 바뀌어갈 것이다.

우선 아침에 일어나 집을 나가는 시간을 바꾼다. 동시에 사무실까지 가는 경로도 바꾼다. 돌아올 때 어딘가 한 곳이라도 좋으니 들러서 온다. 모르는 거리에서 낯선 사람에게 아무 목적 없이 그저 인사해본다. 이런 생활을 1년 해보면 하지 않는 사람과 큰 차이가 나타난다.

도시경영 프로페셔널 스쿨 졸업생 중에 우선 지역으로 가서 지역에서 개최하는 마켓에 스스로 입점하는 사람이 있다. 그들은 지역 농산물 등의 판매를 거들고 그 수입을 지역 복지시설과 비영리법인에 기부한다. 소규모 상업은 사업의 기본이기 때문에 돈의 흐름을 알 수 있는 매우 좋은 경험이다. 지역에 남겨진 행정 소유의 공적 부동산을 활용해서 주말 마켓이나 여름 나이트마켓을 개최하여 더 많은 사람을 끌어들여 지역 경제순환을 만들며 행정기관으로서 새로운 수익을 만들어내는 사람도 있다.

공무원들이여, 행정기관 내 완결이라는 환상을 떨치고 거리로 나가자.

실천 5: 행정기관 업무에 외부의 힘 사용하기

그러나 단순히 기관 밖에서 이것저것 활약해도 역시 행정 구성원으로서 중요한 것은 '행정기관만이 할 수 있는 일'로 지역에 공헌하는 것이다. 개인으로서 얼굴을 가지는 것도 중요하지만 이것은 어디까지나 수단이다. 그런 것을 행정기관 내의 업무로 어떻게 엮어갈 수 있는가가 중요하다.

수단이 어느새 목적이 되어버린 사람도 있으니 주의해야 한다. 조직 내에서 업무를 착실히 하지 않으면서 단순히 즐겁다며 기관 밖으로 나가 축제 같은 것에만 들뜬다면 조직 내외부에서 신뢰를 잃는 안타까운 결과가 벌어진다.

물론 행정기관에는 늘 인사이동이 있으므로 "하려고 생각하고 있었는데 담당 부서를 이동했다"라는 사람도 많다. 그러나 이런 말도 핑계일 뿐 일에 대해 전체적으로 조망하면서 이동하는 새로운 부서에서 어떻게 연결할 수 있는가를 고민할 수도 있다.

내가 아는 어느 지자체 공무원은 지역 문화예술에 대한 높은 관심과 홍보 경험을 바탕으로 지역 문화 이벤트의 홍보를 도왔다. 그런 그의 활동은 지역 내에서도 높게 평가받았다. 이런 활동과 함께 행정 내에서의 업무도 착착 해나가는 과정에서 지자체 문화예술 관련 재단으로 이동하게 되어 이제까지 개인적으로 추진해온 경험으로써 본업에 크게 기여하게 되었다. 보는 사람은 확실하게 보고 있었다는 방증이기도 하다.

이처럼 환상에 의존하지 않고 조직 내외의 네트워크를 형성하여 적시 적소에 스스로 활약하는 공무원들이 종종 나오고 있다.

이때 도전하는 공무원의 적은 사실 의지 없는 공무원이기도 하다. 언제나 내부의 적이 제일 무섭다. 열심히 하고 있는데도 '저 녀석은 민간과 수상한 관계가 있다'고 의심하거나 상사들은 "정도껏 해라"라고 말하는 일도 적지 않다. 그런 일이 있으면 기가 죽어 '역시 공무원은 행정기관 안에서 완결하는 것이 좋다'는 환상으로 회귀할 수도 있다.

그러나 이미 행정기관이라는 존재 자체가 지금까지 하던 방식대로는 생존하기 어려운 시대가 되었다. 훌륭한 단체장도 각지에 나타나기 시작하는 요즘, 도전하여 변화를 일으키는 씩씩한 공무원이 전국적으로 연결되고 있다. 적극적인 단체장과 도전하는 공무원이 많은 지역과 그렇지 않은 지역에서는 코로나19 대책도 차이가 있을 것이다.

3. 민간 의사결정권자:
경계를 없애고 다양하고 관용적인 일 만들기

지역의 민간은 지연조직 등 단체와 지역 경제를 담당하는 기업으로 구분할 수 있다.

오랫동안 지역 민간조직에서는 집단 압력으로 상당히 편협한 가치관을 공유하고 새로운 것을 배제한 결과, 지역이 쇠퇴해왔다. 지역에서 '모두 함께' 결정했다고는 하지만 그것은 사회 전체 '모두'가 아니며 일부 그룹의 가치에 한정되어 왔기 때문에 그 외의 사람을 수용하는 경우는 드물었다.

"지역에서 단결하여 열심히 해보자"라고 호소하는 목소리는 좋은 것처럼 보일 수도 있지만 결국 환상이며 집단 의사결정은 때로는 큰 잘못을 저지르거나 다른 사람을 배제하기도 한다.

실천 6: 기존 조직이 무리라면 새로운 조직 만들기

이런 문제를 해결하는 방법은 외부자를 어떻게 의식적으로 끌어들일까에 달렸다. 지역사업에서 언제나 잘난 사람만 일하는 것이 아니라 외부인을 효과적으로 끌어들이는 장치를 만드는 것을 고민할 필요가 있다는 것이다.

인터넷이 발달한 요즘 같은 때에는 육아세대도 집에서 회의에 참여할 수 있고 지역 회의에 외부인이 들어오기도 쉽다.

물론 기존 조직에서 그러한 일을 해보자고 하면 반발이 심할 수도 있다. 초고령사회 일본에는 60대 회장 위에도 역대 회장들이 아직 살아 있어 "내 눈에 흙이 들어가기 전까지는 내 맘대로 할 거야"라고 하니 현직 회장이 역대 회장의 의중을 살피고 눈치 보며 일해야 하는 웃지 못할 상황도 많다. 그런데도 만장일치가 되어야 한다는 환상이 있어서 이러지도 저러지도 못한 채 무엇 하나 제대로 실행하지 못하고 있는 상태가 많은 것이다.

7년 전에 아이치현 가스가이(春日井)시 가치가와(勝川)에서 진행한 프로젝트는 앞으로 10년 후면 90% 상가가 문을 닫는다는 문제에 직면하여 의사결정권자가 기존 조직과 별개로 고령자도 포함하는 회사 조직을 만들어 독립적 재정을 운영하며 진행하고 있다.

거기에 외부인인 나도 참여했는데, 지역의 새내기인 건축, 공무점, 음식점, 쥬쿠, 공유사무실, 피트니스 등 폭넓은 사업체가 입점하여 최근 6년간 약 20개 신규 입점이 이루어졌다. 특히 여성 경영자가 많이 입점하며 원래부터 지역이 안고 있던 고질적인 구조 문제 변화에도 기여하게 되었다. 신용 있는 고령자들이 투자하여 청년과 여성 중심으로 움직이며 거리의 변화를 만들어낸 것이다.

지연조직 등에서는 아무리 리더가 있다 해도 전체의 동의를 얻어 조직적으로 움직여야만 하는 문제가 있다. 그럴 때 새로운 일을 시도하기 위해 별개의 조직을 만드는 것도 하나의 대안이다. 각자 입장이 분명한 사람들은 기존 조직에 불만을 말하기보다 할 수 있는 행동을 하는 것이 좋다. 그 편이 환상에 매달려 아무것도 하지 않는 것보다 지역 미래에 공헌하는 일이다.

실천 7: 지역기업 리더는 도망치지 말고
지역 미래 만들기

인구감소사회라고 말하면 내수가 시들고 앞날이 깜깜해지는 것처럼 생각되지만 실제로 갑자기 인구가 0명이 되는 것도 아니고 지역경제가 언제나 내수 마이너스 상황도 아니어서 나름의 생존이 유지되고 있다. 수출형 농림수산업이라는 시점까지 가면 지역 자원을 기초로 다른 지역이나 해외시장까지 진출하여 수익을 창출할 수 있기도 하고, 적은 인구로 고부가가치를 창출하는 유럽의 지역도시 같은 모델도 있으므로 결코 절망적인 상황은 아니다.

즉 인구감소가 되면 이제 지역은 끝이라는 것은 환상이다. 나라가 망해도 산천은 남는다는 의미까진 아닐지 모르지만 아무리 지자체 경영이 기울어도 결과적으로 산천과 논밭, 바다는 계속 존재하며 미래를 향한 가능성 또한 전혀 없는 것이 아니다. 즉 비집고 들어갈 여지가 있고 성장전략도 그릴 수 있다.

지역 의사결정권자 중에는 극단적으로 비관적 예측과 마을 일은 민간이 아닌 행정의 일이라는 환상에 사로잡혀 자신들의 자산을 점점 매각하여 도쿄 등의 투자 물건으로 바꾸는 사람도 늘고 있다. 지역 자산가가 지역에 투자하지 않고 자산을 팔아 외부에 투자하면 개인적으로는 이득일지 모르지만 지역 쇠퇴는 더욱 심해질 것이다.

오래전 시대에 대지주가 지역에 투자하고 주민을 위해 사회보장에 가까운 지원을 한 경우와 비교하면 큰 차이가 있다. 물론 개인 차원

마을 만들기 환상

에서는 정당한 행동을 한 것으로 판단할 수도 있지만, 장기적인 지역발전 차원에서는 이렇게 민간 의사결정권자가 포기해버리면 지역에 큰 타격이 있다.

물론 지역에 적극적으로 투자하는 경영자도 있다. 니가타현 죠에쓰시(上越市)에 2022년 창업 100년이 되는 오지마 그룹이라는 로컬 대기업이 있다. 그룹회사 23개, 종사자 1,500명, 매출 약 100억 엔 규모이다. 지역 신문사부터 케이블TV, 쥬쿠, 여행대리점, 약국, 양조장, 노포, 요정까지 다양한 업종을 취급한다.

그 가운데에는 기존 경영방식으로는 되살아날 수 없는 기업을 그룹 산하에 받아들여 재생시킨 사례도 많다. 또한 각각 독립 채산을 유지하는 방식으로 경영하며 지역사회에 공헌하고 있다. 이런 기업이 있어서 사람들의 일상생활 기반이 유지되고 지역에 U턴하는 사람이 생긴다.

4. 민간 집단: 지역 소비와 투자, 작은 한 걸음이 마을을 바꾼다

민간의 여러 조직과 기업에 소속된 사람들은 사실 지역에서 제일 큰 규모의 구성원이며 이들이 어떻게 움직일까 하는 것은 매우 중요한 문제이다. 이들이 집단 압력에 순응하여 대충 일한다면 지역의회도 덩달아 얼렁뚱땅 넘어가는 등 지역에서 적극적인 움직임이 일어나기 어렵다. 행정조직에서 움직이려는 공무원이 있어도 지역 민간의 협조가 매우 중요하다. 정치나 행정도 지역 나름인 것이다.

민관협력이 중요한 지역사업은 오히려 민간이 적극적으로 행정을 밀어붙이는 것도 중요하다. 이는 민간 의사결정권자들뿐만 아니라 매일 마을에서 생활하며 집단을 형성하는 '개인'도 유념해야 할 부분이다.

그러나 자기는 그런 처지가 아니라며 그저 조용히 있는 것이 이득이라는 환상을 가지고 지낸다면 어느새 자신도 살기 어려운 지역이 될 것이다.

실천 8: 바이 로컬(지역 구매)과 인베스트 로컬(지역 투자)

'바이 로컬(buy local)'의 개념으로 근처 지역 상권에서 편하게 장보는 것만으로도 지역 내에 흐르는 돈의 규모가 달라진다.

어떤 미국 중소기업 조사에서는 체인스토어에 의해 지역에 오는 이득은 20-40% 정도지만 지역 점포로 인한 이득은 50-70%라고 한다. 또한 지역경제 순환구조에서 해설한 것처럼 지역 내에 지역자본을 가진 사람들이 출자하여 지역산업에 투자하는 것은 매우 중요한 움직임이라고 평가할 수 있다.

오사카부 아베노(阿倍野) 남쪽 지역에서는 바이 로컬을 추진 중이다. 지역 상점 주인들이 연대하여 지역 상점을 소개하고 바이 로컬

마켓 입점을 지원하는 기획을 하고 있다. 재미있는 것은 손님과 가게의 소통뿐만 아니라 상점 주인들 간의 소통도 원활하다는 것이다. 상점 경영이 바빠서 서로 상점을 방문할 시간이 없었는데 이벤트를 계기로 서로 방문하여 교류하면서 관계가 깊어지고 있다.

또한 바이 로컬 상점 맵을 수시로 업데이트한다. 요즘과 같은 네트워크 시대야말로 로컬은 로컬 사람들만이 즐길 수 있는 기획이 있다. 이런 장치는 지역 소비를 늘리고 지역경제도 단단하게 만든다.

유감이지만 지금은 지역 금융기관에 맡겨도 금리는 거의 제로에 가깝고, 자본소득을 얻는 것도 불가능하다. 그러나 투자형 크라우드 펀딩이 급성장하는 분위기도 있으므로 지역의 새로운 도전으로 투자받을 기회는 예전보다 많은 편이다.

소비와 투자를 하며 지역에 공헌할 기회가 다양한 것이다. 금액이 적더라도 쌓이면 크게 되어 복리로 큰 금액이 될 수 있다.

실천 9: 주민 각자 주체적으로 움직이기

마을이 변화하는 것은 거대한 개발이 일어날 때가 아니라 작은 거점이 하나 생기는 것에서 가능하다. 작은 움직임이어서 아무것도 변하지 않을 것이라는 생각도 환상이다.

지바현 나가레야마시(流山市)에서 마을 만들기 거점 마치민(machimin)을 운영하는 데쓰카 준코(手塚 純子)는 인사 부문 전문가이다. 그녀는 출산하면서 나가레야마로 이주하여 지역문제를 경험하게 되었다. 그녀는 문제를 해결하기 위해 마을의 빈 곳을 빌려 마을 주민이 활동할 수 있는 거점을 만들고 있는데, 육아 중이기 때문에 할 수 없는 것이 아니라 육아를 하고 있어서 지역에 부족한 것을 제공할 수 있었다.

나가레야마에서 예전에 번성했던 구역의 빈 창고를 빌려 지인들과 DIY로 개조하여 모두가 모일 수 있는 장소를 만들었다. 그곳에 유명 조미료를 활용한 레시피를 개발하는 '진짜 조미료 연구소'를 시작하자 지역 조미료 회사도 지원하기 시작했다. 지원 때문에 시작한 것이 아니라 우선 시작했더니 지원이 따라오는 방식이다. 시도하기 전에 이것저것을 생각하는 것이 아니라 가벼운 실천이 다음 단계를 만들어내는 방식이다.

소비, 투자, 기획이 반드시 거대한 규모일 필요는 없다. 작은 일을 쌓아가면 지역의 큰 변화로 이어질 수 있다. 적소위대(積小為大), 작은 한 걸음을 소홀히 하지 않으면 한 사람의 주민이 마을에 큰 영향을 줄 수 있는 것이다.

5. 외지인: 지역에 없는 강점과 기술을 살려 위험요인을 공유하자

외부에서 지역에 관여할 때도 여러 가지 환상에 빠져 일이 잘 안 될 때가 많다. 그러나 한편으로는 좋아도 나빠도 외지인이 지역의 밀접

한 인간관계에서 한 발 뒤에 있어서 할 수 있는 역할도 있다. 그런 장점을 활용하지 않는다면 외부인으로서 지역에 관여해 가는 일의 의미는 반감될 것이다.

실천 10: 위험요인을 공유하고, 지역주민이 아닌 위치를 적극적으로 활용한다

우선, 외부인으로서 지역 프로젝트에 대해 일정한 리스크를 공유할 필요가 있다. 최악의 외부인 유형은 지역 예산에만 의존하여 아무 위험요인을 감당하지 않은 채 납품만 하고 대가를 받아 사라지는 악질 컨설팅 유형이다. 지역자본으로 추진하는 것이 기본이지만 지역 프로젝트는 실패하는 예도 있으므로 외부인도 위험요인을 공유해야 한다.

또한 돈에 관한 한 성공이나 실패 가능성에 대해 외부인도 예민할 필요가 있다. 성공 가능성이 크다 해도 돈에 대한 감각이 느슨한 사람을 믿긴 어렵다.

그런 다음에 지역주민은 아니더라도 때로는 미움받는 역할도 감당할 필요가 있다. 지역 내에서는 집단 압력, 위계질서 속에 모두가 말하고 싶어도 말하지 못하는 상황에 직면할 수 있다. 이때 그나마 목소리를 낼 수 있는 것이 외부인이다. 그때 위험요인을 공유하면서 매일 거래한다면 "지역주민은 아니지만 이렇게 노력하면서 함께 꾸려 나가려고 하는데 지역주민인 우리는 반성해야 하지 않을까"라는 자성이 나올 수도 있다.

이러한 과정을 거치면 환상에 휩쓸려 의사결정이 엉망진창이 되는 상황을 막을 수 있다. 때로는 미움받는 대상이 되는 것도 외부인의 역할이다. 중요한 것은 형식적인 소통으로 호감을 받는 데 그치는 것이 아니라 매일 실천하면서 신뢰를 쌓아 올려 철저하게 프로젝트 성과를 이루려고 노력하는 것이다.

실천 11:
장소를 따지지 않는 사람에게 일자리 제공

외부인은 꼭 지역부흥협력대뿐만 아니더라도 일정 정도 전문가로서의 위치에 있는 것이 중요하다. 지역에 참여하여 할 수 있는 일과 재능을 갖고 제안해야 한다.

홋카이도 요이치정(余市町)에서 레스토랑과 젤리 카페를 운영하며 와인용 포도 재배도 하는 소마 신고(相馬 慎吾)는 I턴하여 요이치에서 생활하고 있다. 처음에는 레스토랑 직원으로 들어왔다가 이 지역의 가능성을 느껴 가게와 농지를 매입하여 스스로 주인이 되어 도전하고 있는 사람이다.

나도 인연이 있어 요이치정을 방문했을 때 소마 씨를 만나 그에게서 여러 가지 꿈을 들었다. 요이치는 지금 좋은 평가를 받는 와이너리로 성장하고 있다. 2021년 소마의 밭에서 나온 포도를 활용하여 지역의 유명 와이너리와 협력한 오리지널 와인 생산, 판매 등의 기획을 함께 진행하고 있다.

일자리를 준다는 것이 고도의 기술이 필요한 일이 아니라 지역에서 누구도 손대려 하지 않는 일을 떠맡기는 형식으로 진행되기도 한다. 지역은 그렇게 생산성 낮은 일을 청년에게 떠맡겨왔기 때문에 쇠퇴하는 것이다. 청년이 그런 일을 해도 당연하다는 환상의 희생자가 되지 않기 위해서는 스스로 할 수 있는 일거리 영역을 어떻게든 마련할 필요가 있다. 우선 자신이 움직이고 생각하는 것이 중요한 것이다.

실천 12:
선구자가 있는 지역에 우선 관여하기

어떤 지역부터 관여하는 것이 좋을까. 외지인이 지역에 들어갈 때는 두 가지 원칙이 있다. 하나는 갑자기 이주하지 말 것 또 하나는 이미 들어간 사람이 있는 곳을 선택할 것이다.

우선 지역과 궁합이 있다.

이 책에서 지적한 것처럼 의사결정권자나 조직과 지역 집단도 각각 색깔이 있고 환상 의존 여부에 따라 큰 차이가 있다. 자신이 가진 기술을 살릴 수 있는지, 성격이 맞는 사람이 있는지는 실제 관여해보지 않으면 모른다. 그런데도 어정쩡하게 지금 하던 일을 그만두고 뛰어들면 그때는 이미 늦다. 옴짝달싹할 수 없는 상황에 부닥칠 수 있다. 또한 받아들일 준비가 되어 있는 지역이 그나마 U, I턴을 받을 수 있다.

찾아다니며 함께할 수 있는 지역주민을 소중하게 여기고 제삼자로부터 이런저런 이야기를 들어도 신경 쓰지 않는 것이 중요하다. 원래 지역주민이 아니라는 이유로 이런저런 이야기를 듣는 경우도 많지만 그것도 시간과 함께 바뀌기 마련이다. 나도 10년, 15년 길게 관여한 지역이나 지인이 각지에 많지만 역시 시간이 어느 정도 지나야 믿음이 생기는 것이다. 급하게 서두른다고 성과가 나는 것이 아니다.

마을을 바꾸는 것은 항상 '백 명의 합의에 따른 한 명의 각오'

마을 만들기 환상을 떨치는 데 필요한 것은 '백 명의 합의에 따른 한 명의 각오'라고 항상 생각한다. 전체 합의를 우선한다며 누구 한 사람 책임지지 않는 계획을 세워버리는 것도 환상이다. 민관 쌍방의 모든 사람이 그런 결단은 스트레스라고 생각하여 회피하는 경향도 있다.

그러나 누군가 각오하면서 "하자"라고 결단하여 종래의 환상을 떨치고 한 걸음을 내딛는 것이야말로 성과로 이어진다. 지역이 당연하게 여겨온 예정조화 속에서 실제로 뭔가 하는 것이 옳은지 모르겠지만, 존망의 갈림길에 처한 지역이 내부에서 일을 도모하는 것만으로는 미래를 담보하기 어렵다.

지역사업을 효과적으로 진행하기 위한 역산 개발, 민간자금 조달

방법 등이 있는데 이를 알면서도 실행하지 않으면 아무 의미가 없다. 세상에 방법은 많지만 그것을 채택하지 않으면 전혀 효과를 기대하기 어려운 것이다. 이 책이 방법론보다 '사고방식'을 강조하는 이유는 그것이 본질이라고 생각하기 때문이다. 사고방식이 잘 갖춰져 있으면 누구로부터 배워야 할 필요 없이 스스로 방법론에 도달할 수 있다.

어느 지역이나 큰 차이 없이 부딪치는 문제는 비슷하고 회피하는 유형 역시 비슷하다. 그러나 지역문제를 논의하는 과정에서 누구도 지역을 형편없게 만들고 싶다, 어떻게 되어도 상관없다고까지 막말하는 사람은 없다.

더 높은 차원의 공통 목표까지 확인할 수 있다면 그 산에 오르는 방법이 각기 다르더라도 서로의 의견을 존중하며 오르면 그만이다. 결과적으로는 누가 먼저 도착할지 모르며 혹은 도착하지 못하는 상황도 발생할 수 있다. 다만 어떤 길로 가려는지를 의논하는 것만으로도 산을 오르지 않는 사람보다 상당히 진척이 있는 것이다. 기회는 반드시 있다. 마을 만들기 환상이라는 벽을 부수고 불안과 갈등을 넘을 수밖에 없다. 마지막은 자신이 어떻게 하고 싶은가 각오를 확인해야 한다.

2020년이 끝나고 2021년에 들어선 순간 또다시 긴급사태선언이 발표되며 코로나19 위기는 더욱 심각해졌다. 코로나19로 인해 우리는 여러 정보를 받아도 우선 멈추고 스스로 생각하고 알아보는 과정이 중요하다는 것을 알게 되었다.

지역재생 역시 마찬가지다. 성공 사례라고 떠드는 거대한 개발시설, 운영회사의 결산 현황 등을 보고 있노라면 애초에 돈이 돌지 않는 상황이라는 것을 알 수 있다. 돈의 흐름도 마이너스면서 '성공'이라고 떠들어대는 것이다.

재무 현황만 봐도 명확히 알 수 있는 것을 '콤팩트시티(compact city)' 같은 피상적인 콘셉트를 제시하며 사실을 호도하고 있다. 지역이나 중앙정부 역시 늘 그렇다.

이 책은 이제까지 내가 써왔던 책과 다른 '인식의 규범'에 대한 것이다. 내가 한 경험을 바탕으로 사업 핵심을 정리하고 정책 문제에 초점을 맞췄지만 아무리 방법론을 설명해도 '그것이 필요하다'고 생각하지 않는 경우도 많다. 그렇다면 이 책은 쓸데없는 도구가 될 것이다.

이 책에서는 세 가지 핵심을 전달하고자 했다.

우선 '여기까지 생각할 필요가 있다'는 범위를 넓히는 일을 강조했다. 또한 귀찮은 일이더라도 중요하게 생각해야 한다고 강조했으며, 아울러 개인이나 소수정예팀으로 시작하여 성과를 올리고 동료를 늘리는 것이 중요하다고 강조했다.

인식 범위의 확장이 필요하다

여러 지역에서 서로 의견을 나누어도 말이 통하지 않는 경우가 있다. 그저 국가에서 예산을 받아 멋진 것을 만들면 그것으로 지역이 활성화될 것이라고 한다. 기본부터 착각하고 있는데 그런 상황에서 그 위에 무엇을 지을까만 논의하고 있으니 좋은 결과가 나올 리 없다.

미래에 예측하기 힘든 복잡한 수치나 실패했을 때 치러야 하는 비용에 관한 것은 생각하지도 않는다. 생각하지 않으니 바보라는 의미가 아니라 '애초에 고려하고자 하는 범주에 설정돼 있지 않다'는 것이 문제이다.

나는 고등학교 3년간 지역에 관여해 왔으면서도 회사경영이나 지역경영 관점을 갖추지 못했다. 대학에 들어가서 외국 사례 등도 조사하면서 지역의 지속적 발전에 관한 고민이 깊어지고 경영철학 도입의 필요성도 느끼게 되었다.

매년 인생에서 지금까지 해보지 않은 일에 세 가지 이상 도전해보며, 항상 자기의 인식 범위를 확장하려고 노력해야 한다. 모든 사람의 인식 범위는 세계 그 자체이기 때문이다. 마을 만들기 환상을 떨치고 인식 범위를 보다 넓혀 객관적으로 보고 고치는 시간을 가지면 개별 사업이나 지역의 미래도 한층 더 나아질 것이다.

중 요 한 것 은 귀 찮 은 일 이 다

미야자키 하야오[*]는 "중요한 것은 대체로 귀찮다"라는 명언을 남겼다. 지역 역시 마찬가지다. 따라서 일단 예산에 맞춰 적당히 합의하고 회의를 마치면 나와 다른 사람이 모두 편할 수도 있지만 그렇게 되면 '중요한 것'이 없어질 확률이 높다.

거꾸로 말하면 '귀찮은 일'이라고 생각하는 일이 있다면 '중요한 일'인 것이다. 지역사업을 추진하다 보면 정말 이런저런 갈등이 발생한다. 정말 귀찮은 일이 많지만 어떻게든 버티면 성과로 연결되고 다음 단계의 사업으로 발전한다.

이 책에서 쓴 것은 대체로 귀찮은 일이다. 이런 것을 하나하나 생

---

[*] 미야자키 하야오는 일본 애니메이션의 대가이다. (역주)

각하지 않고 예정조화로 적당히 일을 처리하는 것이 편하겠지만 그렇게 되면 지역의 미래는 없다. 10년, 20년 전부터 준비해온 지역은 오르락내리락하는 경험을 했을망정 아무것도 하지 않고 누구도 귀찮은 일을 하지 않았던 지역과는 전혀 다른 좋은 지역이 되어간다.

빨 리 가 고 싶 은 가 , 멀 리 가 고 싶 은 가

아프리카 속담에 "빨리 가려면 혼자 가고 멀리 가려면 함께 가라"라는 말이 있다. 지역사업 역시 마찬가지다. 바로 빨리 움직이기 위해서는 혼자 하는 쪽이 좋은 일이 많이 있다. 그러나 그것만으로는 한계가 있다. 따라서 소수정예팀 정도로 확장해야 한다. '마을 만들기 환상'을 떨쳐낸 소수정예팀을 만들어 도전하는 개인으로서 각오를 처음부터 한 걸음씩 다져가야 한다.

때로는 '멀리 가자', 즉 어느 정도 큰일을 하자고 도모하는 것도 필요하다. 혼자 혹은 팀 단위로 환상을 버리고 시작한 사업으로 성과를 내야 한다. 그 과정에서 중요한 것은 '논리보다 증거'이다. 아무리 설득해도 움직이지 않던 사람도 눈앞에 구체적인 성과가 나타나면 움직이게 마련이다.

이 책에 소개한 (우리 팀이 운영하는) 도시경영 프로페셔널 스쿨은 그런 가치에 따라 동료들과 시작했다. 표면적인 기법을 전달하는 것이 아니라 사고방식, 일에 대응하는 방법을 근본부터 공유하는 것이 목표이다. 졸업생이 350명을 넘었고 훌륭한 성과를 내는 분들이 계속 나타나 마음이 뿌듯하며 나도 많은 자극을 받는다. 동시에 전국 각지의 멤버들이 연결되어 주체적으로 기획하고 서로의 프로젝트도 지원하고 있다.

이처럼 스스로 도전하면서 동료를 늘릴 필요가 있다. 동료들과 반드시 의견을 함께하며 일할 필요는 없다. 평소에는 각자 충실히 일하다 보면 어느새 지역활성화로 이어질 수 있다.

이 책은 어디까지나 여러 지역에서 많이 고민하면서, 기회와 계기가 없어 마음에 상처를 받으면서, 혼자 울면서도 계속 도전하는 분들에게 다소나마 힘을 주려고 집필했다. 부디 그 일을 계속해주기를 바란다. 해보고 싶어도 좀처럼 발을 내딛기 어려운 사람도 부디 이 책을 읽고 오늘부터 한 걸음을 내딛길 바란다.

나도 계속 도전하고 있으니 같이 힘냅시다!

그리고 하루라도 빨리 코로나19로 인한 혼란이 진정되어 많은 사람과 함께 만날 수 있기를 기대한다.

마지막으로 이 책의 편집을 정성스레 도와준 사카구치 소이치(坂口 惣一)와 집필 과정에서 여러 형태로 협력해준 가족과 동료에게 감사의 마음을 전한다.

2021년 2월

좋은 날

이 책은 지역에 얽힌 '환상'에 눈뜨고 그것을 바꾸려고 한 걸음 내딛고자 집필하였다. SNS에서 해시태그 '#まちづくり幻想'과 함께 여러분이 경험한 환상과 그 대처법을 알려주길 바란다. 다른 사람과 공유하며 현실을 직시하고 지역을 더 낫게 할 수 있는 행동 고리를 만들었으면 한다. 참고로, 트위터에서는 저자(@shoutengai)와 직접 소통할 수 있다.

참고 문헌

高根正昭. 1979.『創造の方法学』. 講談社.

渋沢栄一. 2008.『論語と算盤』. 角川学芸出版.

中村良平. 2014.『まちづくり構造改革-地域経済構造をデザインする』. 日本加除出版.

飯田泰之ほか. 2016.『地域再生の失敗学』. 光文社新書.

諸富徹. 2018.『人口減少時代の都市 成熟型のまちづくり』. 中公新書.

川崎一泰. 2013.『官民連携の地域再生ー民間投資が地域を復活させる』. 剄草書房.

伊勢昇平. 2019.『ブルーチーズドリーマー世界一のチーズつくる』. イエチエス.

柳澤大輔. 2018. 『鎌倉資本主義』. プレジデント社.

市来広一郎. 2018. 『熱海の奇跡』. 東洋経済新報社.

手塚純子. 2020. 『もしわたしが「株式会社流山市」の人事部長だったら』. 木楽舎.

清水義次ほか. 2019. 『民間主導・行政支援の公民連携の教科書』. 日経PB.

増田寛也. 2014. 『地方消滅』. 中公新書.

猪谷千香. 2016. 『町の未来をこの手でつくる柴波町オガールプロジェクト』. 幼冬舎.

村岡浩司. 2018. 『九州バカ世界とつながる地元創生起業論』. サンクチュアリ出版.

島村菜津. 2013. 『スローシティ世界の均質化と戦うイタリアの小さな町』. 光文社新書.

村上敦. 2017. 『ドイツのコンパクトシティはなぜ成功するのか:近距離移動が地方都市を活性化する』. 学芸出版社.

藤野英人. 2016. 『ヤンキーの虎』. 東洋経済新報社.

富田高慶. 1933. 『報徳記』. 岩波書店.

土志田征一. 2001. 『経済白書で読む戦後日本経済の歩み』. 有斐閣.

デービットアトキンソン. 2015. 『新・観光立国論』. 東洋経済新報社.

ジェインジェイコブス. 2012. 『発展する地域 衰退する地域:地

域が自立するための経済学』. 筑摩書房.

エンリコモレッティ. 2014.『年収は「住むところ」で決まる』. プ
　　レジデント社.

ロバート・キーガンほか. 2013.『なぜ人と組織は変わらないの
　　か』. 英治出版.

ピーターMセンゲほか. 2011.『学習する組織』. 英治出版.

マシュー・サイド. 2016.『失敗の科学 失敗から学習する組織,
　　学習できない組織』. ディスカヴァー・トゥエンティワン.

戸部良一ほか. 1991.『失敗の本質』. 中央公論新社.

宇沢弘文. 2016.『宇沢弘文 傑作論文全ファイル』. 東洋経済新
　　報社.

砂原庸介. 2018.『新築がお好きですか？日本における住宅と政
　　治』. ミネルヴァ書房.

原田泰. 2001.『都市の魅力学』. 文春新書.

人口問題研究所. "将来推計人口・世帯数" http://www.ipss.
　　go.jp/syoushika/tohkei/Mainmenu.asp

東京都. "東京都の人口 (推計)" http://www.toukei.metro.
　　tokyo.lg.jp/jsuikei/js-index.htm

본질적으로 지역 자체의 근육을 기르는 법

연구팀은 『마을의 진화』, 『인구의 진화』, 『시골의 진화』, 『창업의 진화』 등의 책을 번역하며 일본에서 진행되는 지방창생, 관계인구, 로컬벤처, 고향납세 사례를 소개한 바 있다.

그러나 이 책의 저자 키노시타는 또 다른 관점에서 이제까지 다양한 지역재생 사업에서 벌어진 수많은 잘못은 '환상' 때문이라며 신랄하게 비판한다. 제목에 '환상'이라는 표현이 있지만 지역재생의 환상적인 아름다운 과정을 묘사하는 것이 아니라 수많은 지역사업 추진과정에서 '착각'하는 여러 부분을 비판하고 있다. 일종의 지역재생의 '매운맛' 버전의 책이다.

여기까지만 보면 이전에 연구팀이 번역하여 출판한 책들은 마치

부화뇌동하여 유행에 편승한 얄팍한 시도로 평가될 수도 있다. 그러나 연구팀은 지속해서 번역서의 해제에서 외국으로부터 새로운 개념을 단어만 쏙 베껴서 성급히 정책으로 만들지 말고 모든 지역의 현실과 속사정을 충분히 고민한 후에 우리나라의 지역 실정에 맞는 정책을 수립해야 한다고 밝힌 바 있다. 그런 의미로 보면 이 책에서 '환상'의 일체를 경계해야 한다는 저자의 입장과 연구팀의 입장은 정확히 일치한다. 물론 그런 일체감을 느꼈기 때문에 이 책을 번역하고자 선택한 것이기도 하다.

모든 주장이 그러하듯이 자세히 살펴보면 논쟁의 여지는 있다. 강한 주장일수록 강한 반동이 있을 수도 있다. 그러나 '일면' 맞는다고 인정하는 부분도 있다. 이 책이 그러하다.

이 책에 나오는 사례나 주장은 마치 데자뷰와도 같다. 번역할 때 '일본'이라는 말을 일부러 줄이기도 했지만 우리나라의 어느 지역에서도 이와 같은 일이 무수히 반복되고 있다. 남의 일이 아니다.

지역재생이라는 핑계로 많은 폐단이 이어지고 있다. 그래서 이 책을 보고 번역을 결정했을 때 수많은 지역재생 사업의 '뇌관'을 건드릴 것 같은 기분이 들었다. 물론 지금, 이 순간에도 진행되는 지역재생 노력과 그 가능성을 깎아내리려는 불순한 의도는 아니다. 다만 좀 더 본질을 생각하며 앞으로 나아가자는 생각에서 이 책을 번역하게 되었다.

마을 만들기 환상

동상이몽의 바벨탑을 벗어나야 한다

지역 현장을 다니다 보면 활동가, 일반 개인, 행정 실무자, 중간지원조직, 공공기관 등에서 쓰는 용어와 그 개념 그리고 무엇보다 사고방식의 차이가 크다는 것을 실감한다. 물론 여기에는 연구자도 포함된다. 그 여러 분야에 살짝살짝 몸담아봤고, 여러 사람을 만나본 나로서는 결국 바벨탑과도 같은 이 동상이몽의 불통 구조 속에서 그나마 내가 할 수 있는 역할이 '해석'이라는 생각을 해왔다.

즉, 공무원의 논리를 민간에 전달하고, 개인의 논리를 활동가에게 전달하는 데 내가 뭔가 이바지할 부분이 있으리라고 생각한 것이다. 이 책을 읽고 보니 나 스스로 부여했던 나의 미션이 왜 이 사회에 필요했는가가 더욱 명확해졌다. 모두 환상에 사로잡혀 있어서 서로의 환상을 서로에게 은연중에 강요하고 있던 것이다.

물론 단지 환상이 아니라 자체적으로 고민하며 수립한 이념이나 목표라고 말할 수도 있을 것이다. 정확한 행정을 추구하는 사람에게는 행정 합리화가 중요하고, (적어도 자신이 책임지는 기간에는) 사고는 일어나지 말아야 한다. 오랜 시간 지역에서 단체 활동을 하던 사람들은 새삼스럽게 이주자 지원이 많아지면 단체의 존립이 어려워질까 봐 놀라서 경계할 수도 있다. 저마다 각자의 사정은 있는 것이다.

웬만하면 이해하려고 노력하고 넘어가자는 쪽이긴 하지만 때로는 각자의 사정을 이해만 한다면 더 나은 변화를 위해 어떻게 해보자 하는 이야기는 누구와 할 것인가 하는 고민을 하게 된다. 이 책은 이렇게 돌파구가 간절한 사람들이 참고할 수 있는 12개의 실천 지침을 제시한다. 즉, 이 책의 미덕은 비판에 있는 것이 아니라 대안과 가능성 있는 사례를 제시했다는 데 있다.

더 많은 정보가 필요하다면 기노시타가 운영하는 회사 일반사단법인 에리어 이노베이션 얼라이언스의 홈페이지(https://www.areaia.jp)에 들어가면 지칠 정도로 많은 일본의 지역재생 사례를 볼 수 있다.

물론 대책 없는 벤치마킹은 언제나 위험하다. 깊은 고민의 시각으로 현명하게 반면교사 삼으려는 자세를 갖춰야 한다. 지역재생 사업은 사업 자체를 성공시키는 것보다는 지역의 삶의 질을 높이려는 목표, 그것을 위해 진행되어야 한다.

2022년 5월
역자를 대표하여
조희정

마을 만들기
환상

지역재생은
왜 이렇게까지
실패하는가

ⓒ기노시타 히토시

초판 1쇄 발행 2022년 5월 20일
초판 2쇄 발행 2022년 11월 17일

지은이 기노시타 히토시
옮긴이 윤정구·조희정
펴낸이 서복경
기획 엄관용
편집 이현호
디자인 와이겔리

펴낸곳 더가능연구소
등록 제2021-000022호
주소 04071 서울특별시 마포구 성지길 36-12, 1층(합정동, 꾸머빌딩)
전화 (02) 336-4050
팩스 (02) 336-4055
이메일 plan@theposslab.kr
인스타그램 @poss_lab

ISBN 979-11-975290-9-2 03300